本书系教育部人文社科青年基金项目：
"以农村土地流转推进农民工市民化的策略研究"
（项目编号：17YJCZH201）的资助成果

Research on Citizenization of Migrant Workers

农民工市民化研究

辛宝英 著

中国社会科学出版社

图书在版编目（CIP）数据

农民工市民化研究／辛宝英著．—北京：中国社会科学出版社，2019.2
ISBN 978 - 7 - 5203 - 4895 - 9

Ⅰ.①农…　Ⅱ.①辛…　Ⅲ.①民工—城市化—研究—
中国　Ⅳ.①D422.64

中国版本图书馆 CIP 数据核字（2019）第 184122 号

出 版 人	赵剑英	
责任编辑	王　衡	
责任校对	朱妍洁	
责任印制	王　超	

出　　　版	中国社会科学出版社	
社　　　址	北京鼓楼西大街甲 158 号	
邮　　　编	100720	
网　　　址	http://www.csspw.cn	
发 行 部	010 - 84083685	
门 市 部	010 - 84029450	
经　　　销	新华书店及其他书店	

印　　　刷	北京明恒达印务有限公司	
装　　　订	廊坊市广阳区广增装订厂	
版　　　次	2019 年 2 月第 1 版	
印　　　次	2019 年 2 月第 1 次印刷	

开　　　本	710×1000　1/16	
印　　　张	14	
字　　　数	208 千字	
定　　　价	69.00 元	

凡购买中国社会科学出版社图书，如有质量问题请与本社营销中心联系调换
电话：010 - 84083683

前　　言

　　有序推进新型城镇化建设是中国社会转型和经济社会发展的重大战略任务，对于中国全面建成小康社会、加快社会主义现代化建设进程、实现中华民族伟大复兴的中国梦，具有重大的现实意义和深远的历史意义。新型城镇化建设其核心在于人的城镇化，关键在于农民工的市民化，实质在于公共服务的均等化。

　　"农民工"是中国由计划经济向市场经济转轨过程中，由于户籍制度改革滞后所产生的一个特殊群体。农民工市民化，即农村人口通过户籍、职业、身份认同等一系列转变逐步融入城市的过程。随着对人口流动管制的放松，当前中国农业人口转变为非农业已经基本没有直接阻碍，但农民工转变为真正的城镇市民仍存在制度难度，教育、医疗、社保等附着于户籍上的这些公共服务和社会福利仍然是城市户籍居民和非户籍居民之间的一道无形鸿沟。

　　城镇化是经济发展的必然趋势，但不完全的城镇化阻碍了城镇化作用的发挥。人口从生产率低的农村、农业向生产率高的城市和非农产业不断转移，是中国经济持续快速增长的重要动能之一。根据国家统计局抽样调查的结果，2015 年全国农民工总量为 27747 万人，[①] 2016 年全国农民工总量为 28171 万人，[②] 2017 年全国农民工总量为

---

　　① 数据来源于《2015 年国民经济和社会发展统计公报》，国家统计局网站（http://www. stats. gov. cn/tjsj/zxfb/201604/t20160428_ 1349713. html）。

　　② 数据来源于《2016 年国民经济和社会发展统计公报》，国家统计局网站（http://www. stats. gov. cn/tjsj/zxfb/201704/t20170428_ 1489334. html）。

28652 万人，① 比 2015 年增加 905 万人，增长 3.26%。大量农民工为城市的建设和发展做出了巨大贡献。与城镇职工相比，他们大多从事工作时间较长、技术含量低的工作，却在子女教育、社会保障、就业环境和生活状况等方面无法享受与城市户籍人口同等的待遇。

随着新型城镇化建设的不断推进，中国政府也出台了相关文件对该问题做了相应的阐述。《国家新型城镇化规划（2014—2020）》指出，要推进符合条件的农民工落户城镇，推进农民工享有城镇基本公共服务。尽管各级政府在促进农民工市民化方面做出了巨大的努力，但农民工相对于作为既得利益者的户籍居民而言仍是社会弱势群体。农民工要融入城市、转变为市民不仅存在经济、社会、文化方面的重重障碍，还受到现有制度以及成本的制约。

近年来，笔者围绕农民工市民化问题展开了一系列的研究，主要主持的研究课题包括教育部人文社科青年基金项目"以农村土地流转推进农民工市民化的策略研究"、山东省社会科学规划研究项目"农业转移人口市民化成本测算及其分担机制研究"、山东省软科学项目"新型城镇化下职业教育与农民工社会融入关系研究"等。本书就是这些课题中由笔者完成的一系列研究成果的汇总和萃取。

本书的汇总成果不是一个简单的研究报告集结，而是按照如何有序推进农民工市民化的逻辑脉络，试图通过学术研究回答如下问题：如何看待中国当下的农民工市民化问题？农民工市民化现状及进程如何？农民工市民化存在哪些成本障碍，社会成本应如何分担？农民工在市民化过程中的自身素质问题及其如何提高？政府未来如何加快推进农民工市民化？有哪些可供借鉴的农民工市民化典型案例？围绕以上问题，本书共分三个部分展开论述。

第一部分为本书的第一章，是研究的铺垫部分。主要围绕本书研究背景与意义、研究现状分析、研究方法、研究内容来展开论述。

第二部分为本书的第二章至第五章，是研究的主体部分。主要围绕农民工市民化现状、程度测评、成本障碍、成本分担及农民工自身

① 数据来源于《2017 年国民经济和社会发展统计公报》，国家统计局网站（http://www.stats.gov.cn/tjsj/zxfb/201804/t20180427_ 1596389.html）。

素质提高来展开论述。第二章主要分析农民工市民化的现状与问题。第三章主要通过 AHP 方法构建农民工市民化测评指标体系，利用全国典型地区典型行业的调研数据对中国农民工市民化程度进行测算。第四章主要在分析农民工市民化成本障碍的基础上，分析了依靠农村土地流转，突破农民工市民化成本障碍的必然性与可行性，提出了完善农村土地流转，破解农民工市民化成本障碍的政策建议，并构建农民工市民化成本的多主体分担机制。第五章主要通过实证分析职业教育和农民工市民化的关系，并尝试构建农民工市民化职业教育体系，为国家制定和完善农民工市民化政策提供依据与参考。

第三部分为本书的第六、第七章，是政策建议与典型案例部分。第六章基于实证研究结果，主要从政策层面提出政府在推进农民工市民化过程中的相关政策建议。第七章则通过梳理国内典型案例，对地方政府促进农民工市民化的具体做法、政策设计及主要经验进行系统地剖析与总结。

本书在研究过程中，山东省住建厅、城市人家装饰公司徐州分公司、南京航空航天大学经济与管理学院、山东财经大学、山东省社会科学院等单位提供了大量帮助与大力支持，中国社会科学出版社编辑王衡为本书的出版付出了辛勤劳动，在此一并表示感谢。同时，本书写作过程中参考了大量文献，拟采用文献引用方式表示对相关专家的尊重和感谢。由于农民工市民化问题是中国城镇化与城乡发展一体化进程中的核心问题，涉及户籍、土地、财政、社会保障等一系列重大问题，加之作者水平有限，研究中不足之处在所难免，希望读者不吝赐教，以便不断深入对农民工市民化这一重大政策问题的研究。

辛宝英

2018 年 7 月 18 日

于济南

目　　录

第一章 绪论

  农民工是加速实现城镇化的关键因素和主体力量，他们居住在城市，却无法享有平等的社会待遇与公共服务，仍是城市社会的边缘人群和弱势群体，在文化、经济、社会地位以及心理上还远未能融入城市主流社会，农民工市民化问题任重而道远。农民工市民化问题绝不仅是农民工自身的问题，其关乎中国城镇化建设，关乎整个中国的社会稳定与经济发展，是中国构建和谐社会过程中不可回避、亟待解决的问题。

一 研究背景

（一）现实背景

  城镇化是世界各个国家和地区经济社会发展的必然趋势和必由之路，是一个国家或地区现代化程度的重要标志（赵振华，2008）。在过去的 35 年里，中国城镇化发展迅速，城镇化以充足的劳动力、廉价的土地和良好的基础设施为中国经济高速发展创造了有利环境（国务院发展研究中心和世界银行联合课题组，2014）。中国的城镇化成功避免了许多国家城镇化进程中的城市贫困、失业和贫民窟等一些常见的城市病，但也由于片面强调土地城镇化，忽略环境保护和农村人口融入问题，阻碍了经济的进一步发展。为此，党的十八大提出建设新型城镇化，力求在进一步深化改革中，克服前期城镇化发展中产生的各种问题，推进高效、包容、可持续的城镇化。据《中国农村发展报告》显示，中国常住人口城镇化率从 1949 年的 10.6% 提升到 1978 年的 17.9%，再到 2017 年的 58.52%，总体上看，中国实现了 6.41

亿人的城镇化，平均每年新增城镇人口 1644 万人，城镇化率年均提高 1.04 个百分点。① 这种持续的大规模的快速城镇化是世界上绝无仅有的，也是中国对世界城镇化做出的巨大贡献。但与世界平均水平相比，这一城镇化率仍然偏低，与中国的人均收入水平并不相匹配。根据城市蓝皮书显示，预计到 2020 年，中国城镇化率将达到 60% 左右，城镇人口约为 8.4 亿，2030 年中国城镇化率将达到 68% 左右，城镇人口将超过 9.5 亿；预计在 2033 年前后，中国将越过城镇化率 70% 的拐点，到 2040 年，中国城镇化率将达到 75% 左右，城镇人口约为 10.3 亿，到 2050 年，中国城镇化率将超过 80%。也就是说，到 2020 年前，中国还将新增城镇人口近 1.3 亿，2030 年前将新增城镇人口 2.4 亿，2050 年前将新增城镇人口近 3.5 亿。② 城镇化加速发展的趋势，客观上促使大量农民离开土地，从农村转移到城市，实现农民向市民的转化，但由于特殊的历史进程和发展背景，在中国的制度框架下，中国的农民市民化并不像国外城市化进程一样由农民直接转化为市民，而是被分隔成了从农民到农民工，再从农民工到市民的两个阶段和过程。农民工成为加速实现城镇化的关键因素和主体力量，他们居住在城市，却无法享有平等的社会待遇与公共服务，仍是城市社会的边缘人群和弱势群体，在文化、经济、社会地位以及心理上还远未能融入城市主流社会，农民工市民化问题任重而道远。农民工市民化问题绝不仅是农民工自身的问题，他关乎中国城镇化建设，关乎整个中国的社会稳定与经济发展，是中国构建和谐社会过程中不可回避、亟待解决的问题。

另外，随着老一代农民工因年龄增大逐渐返乡，以"80 后"为主体的新生代农民工逐渐取代其父辈的主体地位，中国的农民工正经历着由老一代农民工向新生代农民工的转换。老一代农民工都被看作是为了"挣钱"来到城市的"匆匆过客"，一旦既定的经济目标实

---

① 魏后凯等：《走中国特色的乡村全面振兴之路》，魏后凯、闫坤《中国农村发展报告——新时代乡村全面振兴之路》，中国社会科学出版社 2018 年版，第 9 页。

② 魏后凯等：《推进农业转移人口市民化的总体战略》，潘家华、魏后凯等《城市蓝皮书：中国城市发展报告 No.6——农业转移人口的市民化》，社会科学文献出版社 2013 年版，第 1—27 页。

现，他们就会回到农村。而新生代农民工年轻，文化程度较高，缺乏农业生产经验，他们在生活方式、打工目的、社会认同上都与他们的父辈不同，更希望留城发展，长期住在城市，与城市市民和谐相处，但新生代农民工所面临的融入城市社会的困难较老一代并未发生实质性改变。新生代农民工能不能较好融入城市社会已引起中国政府最高领导层的关注，2010 年 1 月 31 日，中共中央、国务院 1 号文件明确提出，"积极稳妥推进城镇化，提高城镇规划水平和发展质量，当前要把加强中小城市和小城镇发展作为重点"。深化户籍制度改革，加快落实放宽中小城市、小城镇特别是县城和中心镇落户条件的政策，促进符合条件的农民工在城镇落户并享有与当地城镇居民同等的权益。多渠道多形式改善农民工居住条件，鼓励有条件的城市将有稳定职业并在城市居住一定年限的农民工逐步纳入城镇住房保障体系。要"采取有针对性的措施，着力解决新生代农民工问题"①。李克强总理指出新型城镇化的核心是人的城镇化，这就把解决农民工的市民化问题作为了新型城镇化的核心任务。

（二）理论背景

现有文献对农民工市民化的定义不清楚、不严格，对市民化测评维度的辨识缺乏一贯性，未能明确各维度的方向性，导致在农民工市民化的研究中还缺乏为学界普遍接受的农民工市民化的概念建构。比较全面的系统的市民化的概念建构的缺失导致学界在农民工市民化的现状、影响因素和后果的研究中存在片面性，对于农民工市民化相关问题的认识还有些偏颇（悦中山，2011）。国内很多专家从户籍制度、土地制度等多个角度提出了农民工市民化的有效途径，但探讨教育对农民工市民化的作用的研究却是凤毛麟角。本书认为教育作为一个既注重现实需求又关注长远发展的解决方式，不仅能从客观上增加农民工的市民化能力，还可以在主观上增加农民工的市民化意愿。

---

① 中共中央国务院：《关于加大统筹城乡发展力度进一步夯实农业农村发展基础的若干意见》，新华网（http：//news. xinhuanet. com/politics/2010 - 01/31/content_ 12907829. htm）。

1. 农民工市民化的概念建构

在研究农民工的市民化时，学者们通常沿用西方移民研究的定义，使用的是针对一般流动人群的普适性概念（张文宏等，2008；任远等，2006；杨菊华，2009），而专门针对农民工的市民化的概念还不多见。尽管西方国际移民的市民化理论的体系已经较为完备，可以为中国农民工的市民化研究提供颇有价值的借鉴，但直接将其应用于中国农民工市民化的研究中，势必水土不服。根据已有文献，目前学术界关于农民工市民化的研究中，除杨菊华（2009；2010）外，很少有学者对适合中国国情的农民工市民化的概念建构进行探讨。

关于农民工市民化测评维度的研究，国内学者依然是参考国外的理论体系，现有文献在具体应该包括哪些维度，各维度该如何定义，维度之间的差异何在、关系如何等问题上未能达成共识。研究者用着相同的概念，却对概念的测量有着不同的操作，张文宏和雷开春（2008）认为，市民化应该包含心理、身份、文化、经济四个层面，并且这四个层面呈现依次递减的趋势，该观点也得到了王桂新（2008）的支持。但朱力（2002）却认为，市民化应包含经济、社会、心理或文化这三个层面，且这三个层面是依次呈现递增的趋势。笔者同意杨菊华（2009）的思路，认为上述理论都各有局限，同时认同悦中山（2009；2011）的观点，认为杨菊华（2009）所提出的市民化的测量维度与指标体系仍然有可以改进的地方。

鉴于上述原因，对农民工市民化进行更清楚、更严格、更有针对性的定义，构建具体的、系统的、可供实证检验的市民化测量指标体系是中国农民工市民化研究取得进展的核心工作与努力方向，本书就此进行尝试，将针对农民工的市民化，给出清晰、严格的概念并实现市民化的操作化。

2. 教育——农民工市民化影响因素研究的新视角

通过文献的梳理，早期的农民工市民化研究的视角多落脚于制度因素，如户籍、土地、社会保障等。虽然制度保障会使农民工在融入城市社会生活时获得一些平等的权利，但依然无法摆脱其成为城市边缘人的命运，究其原因，在于市民化不仅仅是户籍上的统

一、经济社会地位上的融入，更是一种文化上的融入、心理上的融入和身份上的认可。已有研究表明人力资本可以有效地降低农民工在市民化过程中的经济成本、心理成本和各种风险，有助于提高农民工在迁入地城市社会的经济收入、就业、社会地位以及市民化（姚先国 等，2006；黄晶，2004；肖日葵，2008；卢小君 等，2012；谢桂华，2012），但对人力资本中的教育关注还不是很多。从逻辑上来说，稳定的经济收入是农民工融入城市社会的基本保障，而人力资本，尤其是教育，则在很大程度上影响着农民工的个体素质，进而影响农民工的经济地位、社会适应、文化融合和心理认同，直接影响农民工市民化的进程。

二 研究述评

农民工市民化是中国城乡二元体制所带来的独有问题，具有显著的独特性和本土性，西方学者缺乏直接对农民工市民化的研究，对中国农民工市民化研究具借鉴意义的是国外关于农村劳动力转移的研究。主要有刘易斯模型（W. A. Lewis，1954）、费景汉—拉尼斯模型（John C. H. Fei and Gustav Ranis，1964）、乔根森模型（D. W. Jogrenson，1961）、唐纳德·博格的"推—拉"理论（D. J. Bpgue，1969）、托达罗模型（M. P. Todaro，1970）、斯塔克等的新劳动迁移理论（Stark and Bloom，1985；Taylor，1989；Stark and Taylor，1991）和"成本—收益"理论（Theodore W. Schultz，1961）。国内学者早在 20 世纪 80 年代就开始了对农民工市民化问题的关注，进入 21 世纪以后，学界关于农民工市民化的讨论愈加热烈，围绕市民化的内涵、意愿、制度障碍、成本测算及其分担机制、进程测度等方面展开了多学科的研究。本书从迁移融合的角度来研究市民化，采用衡量迁移融合程度的指标体系来度量市民化的程度，尝试给出清晰、严格的农民工市民化概念并实现市民化程度测量的操作化，这在后文会有详细的解释。本节主要从国外劳动力转移研究现状、国内农民工市民化研究现状及农民工市民化影响因素研究三个角度进行回顾。

（一）国外劳动力转移研究现状

西方国家对于劳动力转移的研究，起源于欧美，主要是基于各自国情，集中对国际移民的社会融合做了相应阐释。目前，国际移民的社会融合理论，大多偏重于对社会融合概念的界定、社会融合影响因素及其客观指标的度量。因此本小节内容主要回顾国际移民社会融合的定义和维度，侧重对社会融合影响因素的梳理，并进行简要的评价。

1. 多元概念与相关理论

自20世纪早期，芝加哥学派学者Robert E. Park 将移民融入问题引入西方学界的研究视野以来，该领域的研究便受到社会学、管理学、人口学、政治学等学派研究者们的关注，并分别从不同学科角度对移民的社会融入问题进行了深入研究。但由于移民社会融入过程本身极其复杂，各学派研究者所采取的研究视角和研究目的又各不相同，移民融入概念与内涵多样复杂。综合来看，主要使用的概念有社会适应（Social Adaptation）、文化适应（Acculturation）、同化（Assimilation）、社会吸纳（Social inclusion）、社会并入（Social Incorporation）与社会融合（Social Integration）等。这些概念在不同角度与层面概括和描述移民由流出地社会进入流入地社会的融入过程与状态，其内涵有的存在明显差异，有的相互重合，有的则缺乏明确的界限划分。

在众多流派中，移民社会融入理论按其基本取向，可以梳理出传统的社会融合理论和非传统的社会融合理论两大类（周皓，2012）。传统的社会融合理论由Park 和 Burgess（1921）以及Park（1928）等提出，并经 Milton Gordon（1964）发展为经典社会融合理论（Canonical Assimilation Theory），也称"同化论"。Park R. E. 和 Burgess E. W.（1969）认为，融合是"移民和迁入地主流社会相互渗透（interpenetration）、相互融合（fusion）的过程，最终使不同民族不同文化背景的人生活在一起"。Milton Gordon（1964）则强调移民为适应迁入地主流社会的新环境而放弃原有的文化传统和观念，将以"中产阶级"（Middle class）或"主流社会"（Main Stream of American Society）为目标而融入迁入地社会中。Alba 和 Nee（2005）在后来的研究中对社会融合的定义进行了修正，使其侧重于"种族差异的减少"。非传统的社会融入理论包括多元文化论（Pluralismor Multiculturalism）、区隔融入论（Segmented Assimilation）、直线融入论（Straight-line Assimilation）、曲线融入论（Bumpy-line Approach）、空间/居住融入论（Spatial /Residential Assimilation）等，强调融入的结果并不一定是以"中产阶级"为标准，而可能是多元化的，即移民在适应迁入地主流社会的新环境的同时，还保有自己的文化内核。

2. 社会融合的测量维度

研究者考察移民的社会融入，就必须要思考移民社会融入应包含哪些测量维度的问题，国内学者梁波等（2010）将西方文献中关于移民融合维度的研究，综合为三类：以 Cordon 为代表的"二维"模型、以 J. Junger-Tas 等为代表的"三维"模型和以 H. Entzinger 等人为代表的"四维"模型。

（1）Cordon 的"二维"模型

西方学者对社会融合测量维度的研究起始于 20 世纪 60 年代初 Cordon 对社会融合过程进行的系统划分，Cordon 提出，在衡量族群关系的社会融合程度上应包含文化同化（Acculturation）、结构同化（Structural Assimilation）、婚姻同化（Marital Assimilation）、族群认同（Identificational Assimilation）、态度认同（Attitude-Receptional-Assimilation）、族群行为消除（Behavior-Receptional）和公共事务融合（Civic Assimilation）7 个维度（悦中山，2011）。这 7 个维度又可以整合为结构融合和文化融合这两个维度，所以又称为"二维"模型。其中，文化融合是指移民群体对迁入地社会的"文化模式"的采用和社会认同的转变，并且文化融合在移民社会融合日程表上居于首位。结构融合则意味着少数族群在流入国社会中，参与核心社会的各种活动，在正式制度与社会组织层面的参与度增加。

尽管 Cordon 的"二维"模型没有说明文化融合和结构融合有哪些具体的测量指标，并且还忽略了一些重要维度，但也为研究移民社会融合测量的其他研究者打下了基础。

（2）J. Junger-Tas 的"三维"模型

J. Junger-Tas（2001）借鉴 Ver-meulen 和 Pennix（1994）的观点，

提出了所谓的"三维"模型。他认为，移民在流入地社会要面临3个维度的融合：社会—文化融合、政治—合法融合和结构融合。结构融合主要涉及移民在主流社会的劳动力市场、住房、收入与教育等方面的境况。社会—文化融合主要指移民少数族群的社会组织的参与、人群间的隔离、群际间的友谊以及迁入地行为模式的融合等。政治—合法融合则主要体现在移民"公民权"的研究中，认为移民作为流入地的弱势群体，往往受到社会歧视和种族歧视，而要想改变这种境况，就要赋予移民与当地社会公民同等的相关政治权利，如选举与被选举权利等。

J. Junger-Tas 的"三维"模型相比 Cordon 的"二维"模型，主要的进步是提出了政治—合法融合，突出移民的政治权利在社会融合中的重要意义，更加清晰具体地突出移民社会融合的内涵。但是，在某种程度上，政治—合法融合所包含的具体测量维度有些体现 Cordon 的结构融合特征，有些则表达了 Cordon 的文化融合的特质，实际上并没有超越 Cordon "二维"模型中结构融合与文化融合的二元性。

（3）H. Entzinger 的"四维"模型

H. Entzinger（2003）用社会经济融合代替了 Cordon 与 J. Junger-Tas 的结构融合，他认为外来移民社会融合的主要内容包括以下几点。第一，社会经济融合，指移民在主流社会的社会经济地位及待遇方面的改善，具体的测量指标包括就业市场、职业地位、劳动福利、收入水平、社区交往、朋友关系、组织参与、支持网络等。实际上，西方文献对社会经济融合的用法有两种，一种强调移民社会地位的平等性，一种则强调移民在主流社会待遇的平等性（Alba R，Nee V.，1997）。H. Entzinger 所提的社会经济融合显然是对这两种用法的整合，所以这个维度也可以分为经济融合与社会融合两个维度。第二，政治融合，主要指移民群体在主流社会取得平等的合法政治身份、政治参与和市民参与等方面的改善，对于政治融合的测量可以通过公民身份、选举权利、政党参与等指标进行测量。第三，文化融合，主要涉及多元文化主义与同化主义的争论，具体的测量指标有：规范的习得、语言的学习、配偶的选择、观念的认同、犯罪行为等。具体模型见图 1-1 所示。

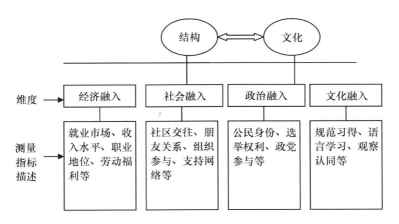

图 1 - 1 "四维" 模型

资料来源：染波等（2010）。

3. 移民国民化成本

从 20 世纪 90 年代至今，国外学者做了大量移民国民化的相关研究，形成了较为丰富的理论成果。以研究主题来看，分为两大类：第一类通过对比分析移民国民化带来的公共成本与经济收益，探讨移民国民化对东道国经济发展的影响。例如，Borjas（1994）研究表明，移民会使政府公共成本逐年增加，但从长期看移民对于经济发展具有正效应，因为由移民带来的平均经济贡献率将会赶上甚至超过原住民。Linn（1982）提出，发展中国家不断加快的城市化进程使城市化成本成为一个棘手的问题，并对发展中国家城市化的各类成本进行了总括性的描述。第二类研究关注东道国政府为推动无证移民国民化所需支付的公共成本金额，以及不同移民群体对相同公共成本政策的评价。Richardson（1987）对巴基斯坦、埃及、印度尼西亚和孟加拉国四个发展中国家的城市化成本进行了比较，提出了通过增加国内储蓄来提高城市化成本的承受力和发展劳动密集型产业来降低劳动力就业成本的政策建议。Camarota（2004）的测算发现，美国无证移民国民化需要政府支付 288 亿美元的公共成本开支来增加公共服务项目。而 Oyelere 和 Oyoloa（2011）的研究证实，美国不同移民群体对相同的公共成本投入与相同的成本政策会产生不同的评价，这种异质评价是由移民在出生地不同的生活经历等导致的。

4. 对国外现有文献的评价

综合上述国外文献，国外关于移民的社会融合的研究涉及社会学、管理学、心理学、人类学和人口学，呈现出一种多学科、多视角、多元化的研究状态。尽管移民融合的概念呈现出复杂性与多样性，但关于社会融合的测量维度还算比较清晰、系统，研究成果为政府决策、社会治理提供了理论支持，为西方工业社会的政治实践做出了巨大贡献，也为中国研究农民工市民化提供了研究思路、依据和参考，但不完全符合中国国情，并不能直接用来分析中国农民工市民化问题，借鉴价值和适用范围有限。对于国外相关理论的借鉴，我们应选择性地吸收，避免教条主义。

（二）国内农民工市民化研究现状

20 世纪 80 年代早期中国第一波"民工潮"出现，中国学术界就开始研究农民工现象，但起先学者们只是把研究重点放在流动原因、流动规模以及对流入、流出地的发展影响等议题上，农民工本身还得不到关注。2000 年开始，对农民工的研究逐渐转移到农民工群体自身，农民工市民化问题逐渐成为研究的重点，对于农民工市民化的内涵界定和进程测量维度都有所涉及。

1. 农民工市民化的概念与内涵研究

目前，国内学界关于农民工市民化使用的主要概念和理论体系均来自于西方，沿用西方移民研究的定义，使用的是针对一般流动人群的普适性概念，如"市民化"（王桂新、沈建法、刘建波，2008）、"融入"（杨菊华，2009；陈俊峰、杨 轩，2012）、"城市适应"（田凯，1995）和"社会融合"（悦中山，2011）等。在这些概念中，"市民化"有广义和狭义之分，狭义的市民化是指农民工获得所在城市的户口，享有城市居民的身份和权利的过程，被认为是技术层面上的市民化过程（马用浩等，2006）。广义的市民化指农民工在经济、地位、文化及心理等各方面全面向城市市民转化的过程，被认为是社会文化层面上的市民化过程（文军，2004）。很多学者都不赞成将市民化简单理解为拥有城镇户口，因此广义上的市民化被学术界大多数学者所认同。而"融入"与"融合"虽只有一字不同，但其内涵却差之千里。是"融入"，还是"融合"，学术界一直存在着方向的纷争。社会融合是一个双向过程，指的是农民工与城市社会双向的甚至是多向的适应过程，即流出地文化和流入地文化互相影响、相互交融、相互渗透，在流入地形成一种新的文化体系。而社会融入则是一个单向过程，仅仅指农民工适应城市社会和城市生活的过程。"融入"以流入地主流文化为主，流出地主流文化为辅。"融合"则是两种文化相互交融、渗透，两种文化没有主辅之分。"融入"是"融合"的第一步（杨菊华，2009）。鉴于中国农民工的特点（相比城市居民社会地位较低，且无力传播家乡文化），本书认为"融入"比"融合"对于农民工的研究来说更加准确，所以同意杨菊华的"融入"说。

总的来说，对于农民工市民化的具体内涵，不同的学者在观点上略有差异，但普遍认为农民工市民化不是简单的农村户口变为城镇户口，还包括同等地享受城市公共服务、社会保障等一系列权利。如郧彦辉（2009）、申兵（2011）、姜义平（2012）、魏后凯（2013）、吕炜（2015）等的研究。

2. 农民工市民化程度测量维度研究

对于农民工市民化进程测算的研究，学者们利用全国宏观数据或某地区问卷调查数据从不同角度对农民工市民化程度进行了研究与测度。综合现有文献，因学者们对农民工市民化程度测评维度研究的角度和层次不同，目前还没有达成一个共识，有从宏观、中观的视角对市民化模式及其发展趋势进行理论探讨的，也有关注农民工市民化的某一个维度的具体问题从而进行实证分析的。不同的学者在实证方法的选取上也存在差异，这些方法都存在各自的缺陷，需要学者们进一步探索和创新。

田凯（1995）通过196个有效样本对湖南岳阳的一个大型国企农民工的生活情况和城市适应性进行了调查研究，指出农民工的城市适应主要体现在经济收入、社会地位、相对稳定的职业、生活方式、社会交往和社会参与等方面。农民工的社会适应具有滞后性、渐变性、长期性、兼容性、差异性5个特点，农民工的社会适应既是一个长期的过程，又是一个量变到质变的过程。

朱力（2002）对农民工的城市适应进行了进一步的研究，提出了农民工的城市适应分为经济层面、社会层面和心理层面3个层次，并指出这3个层次的递进关系。朱力指出，经济上维持城市生活的最低消费是农民工城市适应的立足之本；社会层面的适应则是指"农民工与城市居民的行为方式与日常生活方面的适应"；心理适应则是农民工对城市文化价值、生活方式的心理认同，是城市适应的最高等级，是农民工融入城市社会的最终体现。

风笑天（2004）在研究三峡工程移民的社会适应时，将9个测量三峡移民社会适应的指标进行因子分析，归纳出3个新的因子：经济适应、心理适应和生活适应。风笑天指出三峡移民的适应从日常生活领域开始，逐渐扩展到生产劳动、经济发展，最后是主观感受、心理融合、社区认同。

任远和邬民乐（2006）通过研究人力资本与社会融合、劳动力市场状况与社会融合的关系对城市流动人口的社会融合进行了文献评述，得出结论：流动人口在劳动力市场的地位和处境是他们社会融合状况的表现，并指出教育培训是流动人口人力资本积累的重要方式。

杨黎源（2007）通过对宁波市1053位社会居民（外来人口534人，本地居民519人）的样本统计，指出工友关系、邻里关系、社区管理、困难互助、风俗习惯、安全感、联姻结亲、定居选择8个方面是外来人口与本地居民社会融合的研究切入点。

朱考金和吴磊（2007）对农民工城市融入问题进行了文献综述，在研究了农民工城市融入的现状后指出，当前农民工的城市融入度低，农民工要想融入城市生活，必须具备3个条件，即相对稳定的职业、与当地人接近的生活方式、与当地人相同的价值观。

王新桂等（2008）采用综合指标法，从居住条件、经济生活、社会适应、政治参与和心理认同5个维度测得上海市农民工市民化程度总体上已达54%的水平（2006年数据）。

刘传江等（2009）运用层次分析方法，选取生存职业、社会身份、自身素质、意识行为4个维度构建了农民工市民化进程测度指标体系，测算出武汉市新生代农民工和第一代农民工的市民化程度分别为 45.53% 和 42.03%。

倡传振和崔琳琳（2010）通过对杭州市制造业、建筑业、交通运输业、批发零售业、餐饮服务业等行业中的 396 份有效问卷进行了两代农民工代际差异研究，在农民工城市融入能力方面，主要从市场能力、制度适应能力、社会资本能力三方面进行考量。

刘建娥（2010）基于在广州、昆明、上海、沈阳、天津 5 个城市的问卷分析，认为目前中国乡—城移民（农民工）的社会融入度偏低，指出社会融入应包含健康与安全、居住与生活、就业与收入、满意度与信心 4 个维度，并通过相应的 12 项具体指标进行测量。

杨菊华（2010）进一步区分了社会融合与社会融入的概念，建立了"乡—城流动人口"社会融入指标体系，该体系分为三个层次：第一层为 4 个维度，第二层为 16 个指标，第三层为具体变量。该指标体系具有系统性、简明性、兼容性的特点，对研究农民工的社会融入有很大的启发，可以在此指标体系的研究下进行更加深入的研究并进行农民工社会融入研究问卷的设计。

杨轩和陈俊峰（2012）通过对农民工城市融入能力相关概念进行辨析与界定，认为农民工融入城镇的能力涉及经济状况、观念认知、社会生活 3 个维度，将农民工融入城镇的能力测量体系划分为包含 3 个一级指标、9 个二级指标、22 个三级指标的四级指标体系。

周密等（2012）采用需求可识别的 Biprobit 模型和 Oaxaca 分解的方法预测出了沈阳、余姚两地区新生代农民工市民化程度分别为 62% 和 81%。

魏后凯等（2013）从政治参与、公共服务、经济生活、综合素质四个方面构建农业转移人口市民化程度综合评价指标体系，并采用专家打分法对相关指标赋权，测算出 2011 年中国农业转移人口市民化的综合进程只有 39.56%。

3. 农民工市民化成本研究

关于农民工市民化成本的研究，国内现有文献主要关注农民工市民化成本的基本概念、成本结构、金额测算与分担主体。以成本构成和分担主体为维度可将相关研究划分为两个阶段：2000 年前的早期研究是第一阶段，本阶段相关研究还没有明确成本的具体结构与成本的分担主体，主要关注成本的具体金额。第二个阶段，以范红忠（2006）的研究为首，开始拆分计算农民工市民化的成本，认为农民工不再是唯一的成本分担主体。此时期的研究根据成本划分依据的不同，分为三类：第一类研究从成本的结构出发，将农民工市民化成本分为私人成本和公共成本计算，如国务院发展研究中心课题组（2011）、张国胜（2009）和单菁菁（2015）的研究。第二类研究从成本的分担主体考虑划分成本，将总成本划分为政府承担的公共成本、企业承担的成本和农民工承担的私人成本，如傅晨（2013）、陈一非（2013）的研究。第三类研究则针对以上两种成本测算模型的不足进行了成本测算模型的改进研究，如丁萌萌（2014）、杜海峰（2015）等学者对成本的测算模型提出了改进建议。

4. 对国内现有文献的评价

总体来看，国内学者在研究农民工市民化问题时，对于一些重要的概念尚未厘清，缺乏明确的界定，市民化说、融入说、融合说，哪个更适合描述中国农民工群体的现状和特点，学术界还没有达成共识。参考国外的理论体系，国内学者对于农民工市民化程度测评维度也进行了研究，重点侧重于农民工市民化程度测评指标体系的构建，并已取得了一定进展，但还存在以下不足：第一，应如何测评农民工市民化的程度，学术界并未达成共识，缺乏一套具体的、系统的、可操作的、可供实践检验的、细化的标准体系。第二，指标体系的科学性有待商榷，大部分研究采用等值赋权法，且测评维度很少涉及心理认同和文化融合等相关指标，对农民工市民化的本质内涵把握不清。第三，对于市民化程度的衡量，大多数样本调查区域仅仅局限于一个城市或一个省份，不能反映全国农民工市民化的总体情况，研究样本的代表性不足。第四，绝大多数的研究并没有对所建立的测评模型进行实证检验，实证、定量研究较少。有鉴于此，本书将在对农民工市民化内涵梳理的基础之上，运用 AHP 方法从文化融合、经济地位、社会适应和心理认同 4 个维度构建农民工市民化测评指标体系。利用 2014 年对全国农民工市民化抽样调查数据，科学评估当前中国农民工总体市民化程度，并在此基础上提出促进农民工市民化的政策建议。

　　此外，国内学界不断深化农民工市民化成本的研究也仍存在以下不足：第一，在测算模型方面，学者多从成本构成或分担主体的单一维度构建模型，尚未有学者考虑农民工的区域分布和年龄结构差异来丰富模型。第二，在划分成本结构和构建指标体系方面，已有研究未能系统全面地考虑成本结构，并忽略了一些隐性成本指标和显性成本。第三，在成本测算方法方面，并没有明确统一的工具方法。此外，对于农民工市民化的资金筹集问题和成本约束及分担机制的构建还缺乏进一步关注。这些不足之处正是今后研究的趋势，也是本书要解决的主要问题。

　　综上，国内学者不断深化农民工市民化的研究并取得了丰富的成果，且多为名家大作，相关研究的结论将成为本书研究的重要理论依据。但当前研究亟须跳出"就城镇化论城镇化"的既有框架，而应在城乡统筹的视野下对农民工市民化问题进行深入、系统、多角度、多学科的综合性研究。

（三）市民化影响因素研究

　　西方学术界对移民的社会融合的关注，主要在于移民在迁入地主流社会面临社会孤立与排斥，从而形成与主流社会的区隔或隔离。对于影响移民社会融合的因素，也就是为什么移民会在迁入地主流社会面临孤立与排斥，主要形成了三种理论，即社会制度影响理论、社会资本影响理论与人力资本影响理论。这三种理论分别阐述了迁入地针对移民的融入制度、移民在迁入地的社会关系与社会资本以及移民本身所具备的人力资本等因素对移民融入到迁入地社会（国家）的影响。在 Berry（1997）的文化融合（Acculturation）分析框架中，这三种理论也可以概括为个体因素和结构因素（或称群体因素），社会资本与人力资本因素属于个体因素，制度因素则属于结构因素。下面对移民社会融合影响因素的国内外文献进行简要回顾与总结。

　　1. 社会制度

　　在西方，持制度取向理论的学者认为移民的社会融入主要受结构性的制度政策的限制，认为流入地特有的移民融入制度及移民就业、住房、教育、社会福利、社会保障、社会接纳、宗教信仰、政治权利等移民政策是影响移民融入的关键性因素。具有代表性的学者有菲克斯（M. Fix）、帕皮伦（M. Papillon）、莱文－爱泼斯坦（N. Lewin-Epstein）和潘尼克斯（R. Penninx）等。

中国学术界对于农民工市民化制度障碍方面的研究，最为典型的是以户籍制度为依托的城市公共服务和社会保障制度以及农村土地制度。学术界一致认为，农民工市民化首先被政府制定的相关制度和政策所排斥，而户籍制度以及以户籍制度为依托的社会福利制度则将农民工屏蔽在分享城市的社会资源之外，是城市农民工的地位向上流社会流动变迁的最大障碍（李强，2002），对农民工市民化有根本性的影响。在现有的二元化的城市制度安排下，农民工所面临的就业制度、社会保障制度、医疗制度、教育制度等一系列制度都有别于城市居民，无法享受城市居民所拥有的政策待遇。在户籍制度的研究中，研究的重点主要集中在户籍制度的改革上，如崔庆五（2012）、辜胜阻（2014）、傅晨等（2014）、秦立建等（2014）、王春蕊（2015）等的研究。在土地制度的研究中，学术界关注的重点是如何改革农村土地制度，如王竹林（2009）、黄锟（2011）、郑无喧等（2015）、辜胜阻等（2015）、徐美银（2016）等的研究。

2. 社会资本

社会资本影响理论把社会关系网络纳入影响移民社会融入的重要因素，认为移民在流入地的社会关系网络对于其社会融入具有促进作用，而移民在流出地原有的社会关系网络，通常也会对其社会融入产生限制作用或消极影响。社会资本影响因素首先是由波特斯（A. Portes，1988）引入移民社会融入影响因素研究的，波特斯（1990）指出"社会资本是移民在社会网络和社会结构中获取和调动社会资源的能力，可以通过社会网络中成员身份来获取诸如低息的贷款、工作的机会、廉价的劳动力等的能力"。在关于纽约的多米尼加移民的研究中，波特斯发现移民在流入地的社会资本与社会网络关系对于移民融入有积极作用。此后，芭芭拉（D. Barbara，2003）讨论了移民到德国的苏联犹太人因没有放弃已有的苏联文化传统而限制了移民融入当地的犹太社会。周敏等（2004）则讨论了社会资本是如何影响移民与当地主流社会融合的问题。

20世纪90年代中期，社会资本概念被引入中国农民工的研究，彭庆恩（1996）通过对农民工"包工头"的个案访谈，发现这些"包工头"通过构筑城市中的"关系网络"，来巩固他们"包工头"的地位。赵玉海（2003）的研究则证明，社会网络的作用在迁入地社会对移民极不友善或迁入地与迁出地环境差异很大时尤为重要。悦中山（2011）从农民工—市民网络的角度证明了社会网络对于农民工融入城市社会与市民认可和接纳农民工有促进作用。王桂新和武俊奎（2011）进一步分析了社会资本对农民工与市民社会距离的影响机制，研究结果表明社会资本会改变农民工的身份认同，影响农民工和市民的偏见，进而影响农民工和市民的社会距离。概括地说，改善农民工社会资本和社会关系网络状况，构建农民工社会资本和社会关系网络的积累和形成机制，是促使农民工更好地融入城市社会的重要途径（刘传江等，2004）。

3. 人力资本

人力资本理论强调移民个体的受教育程度、职业能力、工作经验、语言能力等人力资本特征对于移民融入的重要影响。J. Junger-Tas（2001）指出，很多移民因缺乏相应的素质和能力，无法适应西方国家劳动力市场对人力资本的要求，因而被排斥于现代化的产业体系之外。R. Omidvar和T. Richmond在其对加拿大移民的融入研究中也指出，加拿大的移民群体的融入难题在于市场全球化发展的过程中移民的人力资本欠缺。R. Wuthnow和C. Hackett（2003）的研究发现更高的教育水平可以提高个体的社会融入度，在文化认知、收入、管理地位与子女教育上表现出优势。J. Goldlush和A. H. Richmond（1974）用实证研究证明了移民的人力资本尤其是教育与技术的训练情况在移民的社会融入中的重要作用。

参考国际移民研究的成果，人力资本因素作为影响农民工社会融入的因素也开始受到国内学者的关注，国内多项研究（姚先国等，2006；黄晶，2004；肖日葵，2008；卢小君等，2012；谢桂华，2012）已证明了农民工人力资本对农民工社会融入特别是经济收入的正向作用。赵延东和王奋宇（2002）对"乡—城流动人口"的抽样调查结果也显示出人力资本对于"乡—城流动人口"的经济地位有显著的正效应，而姚先国和俞玲（2006）的调查表明，外出务工人员能否成为生产工人或从事服务行业受职业培训的显著影响。

三　研究方法

（一）数据

本书的实证分析数据来自山东管理学院"农民工市民化研究"课题组于 2014 年 8 月实施的"农民工市民化与职业教育"与"农民工市民化基本情况"两个调查。

1. 调查对象与抽样方法

在农民工的调查中，接受调查的对象为 16 周岁以上非本地城市户籍（户籍改革以前属于农业户口），有非农工作经历 6 个月以上的城市务工人员。调查主要采用问卷调查的形式，为了保证样本的多样性、均衡性和代表性，调查采用网络调查（问卷星网站）和实地调查（X 市典型农民工聚集行业：服务性行业、建筑行业和制造业等）同时进行的方式。这种调查设计最终导致样本中男性农民工的比例约为 60%，并且间接保证了样本在年龄上和学历上分布比较均匀。网络调查对象不仅包括受雇就业的工人和职员等，也包括自雇就业的农民工，失业或正在找工作的农民工。实地调查则试图全面覆盖农民工所在的典型行业，并保证男性和女性分布相对均匀。实地调查在 5 个单位进行，包括 1 个建筑工地、1 个大酒店（提供住宿和餐饮服务）、1 个纺织公司、1 个钢铁厂和 1 个家政服务公司。调查总计获得 6150 个样本，其中 29% 来自制造业，27% 来自建筑业，11% 来自批发和零售业，7% 来自住宿和餐饮业业，男性农民工比例为 60%，"60 后"农民工占比 14%，"70 后"农民工占比 23%，"80 后"农民工占比 31%，"90 后"农民工占比 32%，整个样本中 16—35 岁的农民工的比例超过 60%，这与 2014 年中国农民工的年龄分布情况基本一致[1]。

---

① 中国国家统计局：《2013 年农民工监测调查报告》，2014 年，国家统计局网站（http://www.stats.gov.cn/tjsj/zxfb/201405/t20140512_551585.html）。

2. 调查质量控制与评价

从调查问卷的设计、调查过程的抽样到数据的录入与清洗，整个调查过程都严格遵循了问卷调查质量控制的各项程序，并在实地调查以前对调查员进行了培训。从最后得出的各项数据指标可以看出，虽然存在一定的误差，但其质量比较可靠，在可接受的水平，整套数据真实地反映了中国农民工的基本情况及其市民化的现状。现场调查的质量控制具体见图1-2所示。

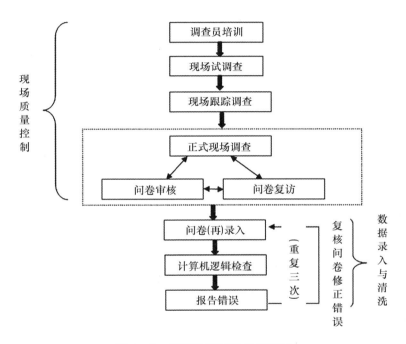

图1-2 调查数据质量控制流程

（二）研究方法

第一，文献研究法。通过中国期刊网、Wiley InterScience、EB-SCO、Cambridge University Press Journals 等中外文数据库、互联网网站、纸质著作等渠道，全面收集国内外有关农民工市民化的研究文献，不断跟踪学术研究前沿，了解最新动态，并不断发现存在的问题，从而为农民工市民化的研究奠定理论基础。

第二，问卷调查法。设计农民工市民化调查问卷，为了保证样本的多样性、均衡性和代表性，调查采用网络调查（问卷星网站）和实地调查（X市典型农民工聚集行业：服务性行业、建筑行业和制造业等）同时进行的方式。

第三，案例分析法。充分利用社会调查、文献研究等方法，课题组走访了重庆、威海、湖州、信阳等地的10多个典型小城镇，通过实地调研了解各地推进农民工市民化的政策举措，收集一手资料，进行案例研究，对地方政府促进农民工市民化的具体做法、政策设计及主要经验进行系统剖析与总结。

第四，跨学科综合研究法。在进行农民工市民化成本分担机制构建研究时，从经济学、政治学、社会学、统计学、财政学、人口学等多学科的角度综合分析研究构建农民工市民化成本分担机制问题。

四　研究意义

从理论意义来看，主要体现在两个方面。第一，鉴于目前国内学术界对于农民工市民化与职业教育、农村产权制度改革、农村土地流转等如何统筹发展的问题还缺乏深入研究，对农民工市民化的度量也缺乏一套具体的、系统的、可操作的、可供实践检验的、细化的标准体系，本书在明确农民工市民化内涵与外延基础上合理设计农民工市民化程度测评指标体系，深入探讨不同教育结构对农民工市民化程度的影响，如何依靠农村土地流转，突破农民工市民化成本障碍和推动农民工市民化的思路与政策，为推动形成中国特色的新型城镇化理论贡献自己的力量。第二，中国的新型城镇化问题，尤其是中国的农民工市民化问题具有自身的特殊性，研究中国农民工市民化的问题及其破解途径，可以促进中国城镇化理论的研究，也可以丰富世界的人口迁移研究理论。

从现实意义来看，随着城镇化的快速推进，城市内部二元结构日益凸显，农民工的社会融入问题越来越突出，由此影响了社会的和谐和全面建成小康社会的进程。因此，在这种背景下，研究农民工市民化问题，可以为政府相关部门推进农民工市民化制定科学合理的政策提供参考决策；也将有助于推动中国农民工市民化进程，从而加速城镇化发展，全面提高城镇化质量，实现社会稳定和构建和谐社会。

第二章 农民工市民化现状与问题

农民工是中国实现城镇化的关键因素和主体力量，推进以人为核心的新型城镇化，关键是有序推进农民工市民化，这是提高城镇化质量的主攻方向和首要任务。长期以来，由于户籍等制度安排影响，中国城镇化率与农民工市民化率并不同步，农民工市民化率的提高远远落后于城镇化率的提高。通过推进市民化来推进城镇化进程，释放经济增长潜力已经成为社会各界的共识，而推进农民工市民化则有赖于对当前农民工市民化现状进行客观评估。因此，在新的发展阶段，拓展对农民工市民化相关概念的理解，准确把握农民工市民化现状十分必要。

一 相关概念的界定与内涵

（一）城镇化

"城镇化"与"城市化"同样翻译自英文单词 urbanization，在日本和中国台湾地区也翻译成"都市化"（程姝，2013）。尽管城镇化与城市化都是描述城市形成的过程，但把 urbanization 翻译为"城镇化"的学者认为，城镇化是基于中国国情提出的新概念，更能反映中国的实际情况，因为城镇化的描述中包含城市和镇这两个地方建制，更加突出小城镇的作用（姚先国等，2006）。而把 urbanization 翻译为"城市化"的学者则认为，"城镇化"当中所包含和提倡的"乡镇化"导向是"离土不离乡"农村化导向。但就人口发展的效率和质量而论，农村化不如乡镇化，乡镇化不如小城镇化，小城镇化不如城镇化，城镇化不如城市化（程姝，2013；俞宪忠，2004）。2001 年公布的《中华人民共和国国民经济和社会发展第十个五年计划纲要》中首次提出："要不失时机地实施城镇化战略"，此后的政府文件中均以"城镇化"为基本概念（程姝，2013）。中国采取"城镇化"发展战略与根据西方现代化过程中的"城市化"道路，在城乡人口比重这个基本概念上本无不同，但为了规避其他发展中国家在城市化迅速发展中出现的大型贫民窟问题、社会失衡问题，根据工业化的不同阶段，中国选择了中国特色的实现方式——以农村"城镇化"发展作为缓解"三农"困境和推进人口城市化的路径（温铁军等，2007）。

综上，本书在表述上使用了"城镇化"，与国家公布的正式文件的提法相一致。但为了与原文保持一致，在引用文献时，还是保留了"城市化"的表述。本书认为，"城镇化"与"城市化"内涵一致，可以互换概念。具体而言，"城镇化"是指农村人口不断向城镇集中，第一、第三产业不断向城镇聚集，从而使城镇人口数量增加，城镇用地规模扩大，城市文明和价值观在内的城市生活方式向农村传播扩散，人的素质不断提高的一种历史过程。

（二）新型城镇化

"新型城镇化"是基于中国的城镇化水平达到一定程度，针对城镇化进程中出现的各种问题，并结合中国经济、社会发展的现状而提出的新概念，是中国城镇化理论研究的深化。党的十八大明确指出了"新型城镇化"的概念，所谓新型城镇化，是指以科学发展观为指导思想，以以人为本为理念，以新型工业化为动力支撑，以统筹兼顾为原则，推动城镇向生态化、集约化、现代化的方向发展。与传统城镇化模式不同，新型城镇化走的是功能完善、经济高效、环境友好、各具特色、城乡互促、协调发展的道路（见图 2－1）。新型城镇化的核心是"人的城镇化，是高效、包容、可持续的城镇化"[①]。

———————

[①]　国务院发展研究中心和世界银行联合课题组：《中国：推进高效、包容、可持续的城镇化》，《管理世界》2014 年第 4 期；陈新焱：《新型城镇化：回归到"人"》，2013 年 3 月，南方周末（http://www.infzm.com/content/88761）。

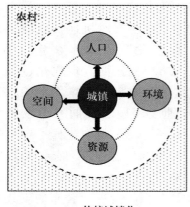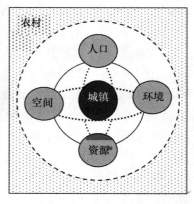

| 传统城镇化 | 新型城镇化 |

图 2 - 1　新型城镇化与传统城镇化对比

资料来源：黄亚平、陈瞻、谢来荣：《新型城镇化背景下异地城镇化的特征及趋势》，《小城镇建设》2012 年第 2 期。

（三）农民工与农业转移人口

学术界对从乡村转移到城镇的流动人口称谓颇多，如"流动民工""农民工""乡—城流动人口""进城务工人员""农业转移人口"等。而"农民工"一词则是由社会学家张雨林教授于 1989 年首次提出的，他认为农民工是那些拥有"农民"身份却从事"工人"职业的特殊人群，身兼"农民"和"工人"的双重使命。之后，关于农民工的概念，学术界分别从社会学、经济学、法学等不同角度进行了探讨。在社会学意义上，农民工是一个身份加契约的称谓，"农民"是身份，"工人"是职业。在经济学意义上，农民工被看作户籍在农村，但常年或大部分时间在城市企业务工的一个"特殊的群体"或"阶层"，具体包括"离土又离乡"在城市企业就业的农民工和"离土不离乡"在乡镇企业就业的农民工。在法学意义上，主要从确立农民工的社会地位及其责任和义务的角度来界定农民工的概念，主要指那些户籍在农村，农业户口，在农村承包土地，上缴国家和地方政府的各项税收，履行农民的义务，但是他们却只靠工资收入谋生，在职业上是工人的这类法律特征的人群（王竹林，2008）。

综合不同角度对农民工的定义可见，农民工是从农民中分化出来的一个特殊群体，农民工的产生与户籍制度有关，是那些拥有农业户口，从事非农经济活动，身份是农民，但职业是工人的劳动者。本书中所界定的农民工则是指那些从农村流入城市，持有农业户口，以从事经济活动为目的的流动人口。这一范畴也包含那些因城镇建设丧失土地以从事非农活动为谋生手段的失地农民工，尽管他们已获得城镇户口，享有城镇居民的基本权利，但其在文化、经济、社会、心理上尚未真正融入城市，所以他们也在课题研究范畴之内。本书中农民工的研究范畴与其他文献中的"乡城流动人口""农业转移人口""农村流动人口""城市外来人口"可以互换使用概念，所以书中在引用相关文献时，会沿用原作者的用语。

　　党的十八大用"农业转移人口"替代了"农民工"这一概念，2014 年 7 月 30 日国务院出台《关于进一步推进户籍制度改革的意见》取消了农业户口与非农业户口性质的区分，提出建立城乡统一的户口登记制度，使"农民工"概念彻底退出历史舞台。农业转移人口是指户籍在农村，转移到城镇非农产业并持续从事非农产业，依靠工资收入生活，已经实现职业转变，不具有迁入城市户籍的劳动者及其随迁家属。不包括季节性外出打工的兼业农民、转移到城镇的农村大学生（国务院发展研究中心课题组，2014），但应包括因城镇建设丧失土地转移到城镇的农业人口。①

（四）农民工社会融入

　　"社会融入"是关于移民群体与当地社会的互动过程研究中的一个重要概念，是一个伴随着人口迁移和社会变迁产生的多维复杂概念，其核心内涵体现在逐步消除最弱势群体和主流社会之间的不平等，将差距缩小，并确保最需要的社会群体能够及时得到社会支

---

　　①　学术界部分学者认为农业转移人口不应该包含因城镇建设丧失土地转移到城镇的这部分农业人口，但本书认为，失地农民尽管因丧失土地获得了城市户籍，但他们在职业上也是从农业转移到非农业，所以应该属于农业转移人口的统计范畴，我们可以称这部分人口为被动市民化的农业转移人口。

持（王凯威，2014）。尽管社会融入受到社会学家、心理学家、政策分析家和政策制定者们的广泛关注和青睐，但它目前仍是一个模糊的概念，尚未有一致认同的清晰定义（赵萌萌，2012）。与"社会融入"（Social Inclusion）相近的概念主要有"社会融合"（Social Integration）、"社会整合"（Social Cohesion）、"社会适应"（Social Adaptation）。本书赞同杨菊华（2009）的观点，使用"社会融入"这个概念而不是使用学术界目前使用最多的"社会融合"，就中国农民工在流入地的社会适应过程而言，认为"融入"是比"融合"更合适的概念。但为保持与原文的一致性，在引用文献时，会沿用原作者的具体表述。

"社会融入"是一个动态的、多维度的概念，乃学术界研究的普遍共识。① 借鉴国内外研究文献，本书将农民工的社会融入的维度辨识为文化融入、经济融入、社会适应和心理融入，将农民工的社会融入定义为"在城市社会里，农民工与城市市民在文化、经济收入、社会地位和心理等方面的差异的消减"。

（五）农民工市民化

很多经济学家认为推进农民工市民化的最好办法就是户籍制度的改革，但市民化的真正核心并不是户籍制度，而是转移人口能否在转入地城镇安居乐业，能否获得与拥有转入地城镇户籍的居民均等的社会权利与公共服务。一方面，本书赞同"国务院发展研究中心课题组"2014年提出的概念，认为农民工市民化是农民工自身及其随迁家属获得与城镇户籍居民均等的社会权利与身份地位，均享城镇公共资源与社会福利，在城镇实现安居乐业，并在文化、经济、社会和心理方面完全融入城镇，成为真正市民的过程。也就是

---

① 张文宏等：《城市新移民社会融合的结构、现状与影响因素分析》，《社会学研究》2008年第5期；杨菊华：《从隔离、选择融入到融合：流动人口社会融入问题的理论思考》，《人口研究》2009年第1期；王桂新等：《中国城市农民工市民化研究》，《人口与发展》2008年第1期；朱力等：《论农民工阶层的城市适应》，《江海学刊》2002年第6期；李培林：《农民工：中国进城农民工的经济社会分析》，社会科学文献出版社2003年版，第23页。

说取得户籍、获得市民权利并不是市民化的最后一个阶段，只有心理和文化真正融入城镇之后才算得上真正实现了市民化。另一方面，本书认为农民工市民化其实质内涵与农民工社会融入的概念是一样的，这两个概念可以互换使用。

（六）农民工市民化程度

农民工市民化程度，即农民工市民化过程的进展程度（或农民工的市民化结果），可以用农民工与城镇居民的同质化水平来衡量或农民工与城镇居民差异消减的程度来衡量。相对于农民工个体时表示农民工是否已经成为市民，相对于农民工群体时表示已经成为市民的人数或比例（即市民化率）（黄锟，2014）。微观意义上，农民工市民化程度与城镇化水平具有密切的关系，是城镇化的一个阶段（市民化阶段）发展水平的衡量指标（王桂新等，2008）。

（七）农民工市民化成本

农民工市民化成本，主要是指将现在已经转移到城市居住或就业的农民工纳入城市公共服务体系，获得相应福利待遇和均等化公共服务所需进行的各种经济投入。从成本分担者的角度来看，一般可以分为政府成本（中央政府成本和地方政府成本）、企业成本和个人成本。其中政府成本主要指政府为农民工提供公共服务、劳动就业、社会保障和新（扩）建基础设施等而增加的财政支出。[1] 主要包括：就业扶持成本、社会保障成本、保障性住房投入成本、公共服务管理成本、公共教育成本以及交通运输、能源供应、环境卫生等基础设施的投资成本。企业成本主要是指企业应承担的农民工在就业培训、社会保障以及同工同酬保障等方面的成本。[2] 个人成本主要是指农民工个人及其随迁家属在城镇工作生活所需支付的相比农村生活而增加的住房成本、生活成本、迁移

---

[1]　单菁菁：《农业转移人口市民化的成本及其分担机制》，《学海》2015年第1期。

[2]　王国霞等：《农业转移人口市民化成本分担机制分类设计初探》，《经济问题》2016年第5期。

成本、机会成本、自我保障成本以及适应城市生活的融入成本和失业风险成本。

（八）农民工市民化成本分担

农民工市民化成本分担主要是指农民工市民化成本由谁支付以及如何支付的问题，即农民工市民化成本如何在政府、企业和个人之间合理分担的一种财政制度，是基于农民工获得与城镇原住居民相同的公共服务水平所需的价格补偿机制。这一机制主要解决农民工市民化成本由谁支付以及支付多少的问题。中央与地方政府以及企业和农民工作为受益方应根据各自的财力状况对农民工市民化过程中发生的各种费用进行合理分担。政府通过财政拨款的方式分担市民化成本，企业通过按利润一定比例提留的方式分担市民化成本，个人通过工资收入和个人财产来支付。

（九）农民工市民化成本分担机制

机制是一般化的制度和方法的总和，或称为制度化的方法。方式方法往往只是一种形式或思路。机制通过各种方法或方式起作用。经济机制是一定经济体内，各种构成要素之间相互联系和相互作用的关系及功能。经济机制从功能上分为激励机制、制约机制和保障机制。机制的建立一靠体制，二靠制度。体制是组织职能和岗位责任权的调整与配置；制度是规范化、固定的规则。

农民工市民化成本分担的过程是一个各组成要素相互联系、相互制约的过程，也是农民工市民化成本得以合理分担，最终解决的过程。因此，农民工市民化成本分担机制，就是在机制设计理论的指导下，通过有效的方法、方式形成农民工、中央政府、地方政府、企业及其他社会组织共同参与分担市民化成本的规范化、固定化的规则。

（十）公共服务均等化

1912 年狄骥在著作《公法的变迁：法律和国家》中提出"公共服务"的概念，认为公共服务是指那些必须通过政府干预，政府有义务来加以规范和控制的活动。公共服务均等化，就是政府公共部门合理配置社会资源，向全体社会成员居民提供与其需求相适应的、大致均等的公共服务，从而保证社会公平公正（林祝琼，2015）。本书所指的公共服务均等化是指政府公共部门合理配置社会资源，向农民工和城镇户籍居民提供的与经济社会发展水平相适应的、能够保证社会公平公正的大致均等的公共产品和服务。其内容主要包括养老保险和医疗保险等社会保障，农民工职业教育、技能培训与再就业服务，子女义务教育，保障性住房，公共基础设施与公共管理，最低生活保障等方面。

二　农民工市民化状况

农民工人口规模大、市民化程度低，这是中国城镇化的最大特色。深刻把握农民工人口的规模、特点及市民化状况，是提出科学合理的市民化战略、制定切实可行的市民化政策措施的基础和前提条件。本部分根据历年农民工监测调查数据和流动人口动态监测调查数据，分析了农民工的数量特征及就业、收入、居住、社会保障、子女教育等生存状况与社会融合情况。

（一）农民工人口规模与特征分析

1. 农民工人口总量

据农民工监测调查报告显示，2013 年全国农民工总量为 26894 万，比上年增加 633 万，增长 2.4%。2014 年全国农民工总量为 27395 万，比上年增加 501 万，增长 1.9%。2015 年农民工总量为 27747 万，比上年增加 352 万，增长 1.3%。2016 年农民工总量达到 28171 万，比上年增加 424 万，增长 1.5%，增速比上年加快 0.2 个百分点。2017 年农民工总量达到 28652 万，比上年增加 481 万，增长 1.7%，增速比上年提高 0.2 个百分点。农民工总量继续增加，总量增速连续回落 4 年之后，在 2017 年略有反弹（见表 2 - 1）。

表2-1　　　　　　　　　　　农民工规模　　　　　　　　　单位：万人

	2013 年	2014 年	2015 年	2016 年	2017 年
农民工总量	26894	27395	27747	28171	28652
其中：外出农民工	16610	16821	16884	16934	17185
本地农民工	10284	10574	10863	11237	11467

数据来源：农民工监测调查数据。

2. 农民工的性别分布

从性别来看，2017 年农民工中，男性占 65.6%，女性占 34.4%，男性的人数明显多于女性。纵向来看，在 2013—2017 年的农民工人口中，男性比例处于下降的趋势，女性比例处于增长的趋势（见表 2-2）。主要是由于本地农民工在农民工总量中占比继续提高，而本地女性农民工占比较高所致。

表2-2　　　　　2013—2017 年全国农民工人口性别分布　　　　单位：%

	2013 年	2014 年	2015 年	2016 年	2017 年
男性	66.67	67.0	66.4	65.5	65.6
女性	33.33	33.0	33.6	34.5	34.4

数据来源：农民工监测调查数据。

3. 农民工的年龄分布

从年龄阶段来看，受农村人口结构变化、各年龄段特别是 50 岁以上农村劳动力非农劳动参与程度提高、农民工就地就近转移增加的影响，农民工平均年龄不断提高，50 岁以上农民工所占比重提高较快，1980 年及以后出生的新生代农民工逐渐成为农民工主体。2017 年农民工平均年龄为 39.7 岁，比上年提高 0.7 岁。从年龄结构看，40 岁及以下农民工所占比重为 52.4%，比上年下降 1.5 个百分点；50 岁以上农民工所占比重为 21.3%，比上年提高 2.2 个百分点，自 2014 年以来比重提高呈加快态势。从农民工的就业地看，本地农民工平均年龄 44.8 岁，其中 40 岁及以下所占比重为 33.6%，50 岁以上所占比重为32.7%，比上年提高3个百分点；外出农民工平均年龄为34.3岁，其中40岁及以下所占比重为72.3%，50岁以上所占比重为9.2%，比上年提高1.1个百分点。

表2-3　　　　　　　　　农民工年龄构成　　　　　　　　单位:%

	2013 年	2014 年	2015 年	2016 年	2017 年
16—20 岁	4.7	3.5	3.7	3.3	2.6
21—30 岁	30.8	30.2	29.2	28.6	27.3
31—40 岁	22.9	22.8	22.3	22.0	22.5
41—50 岁	26.4	26.4	26.9	27.0	26.3
50 岁以上	15.2	17.1	17.9	19.1	21.3

数据来源：农民工监测调查数据。

4. 农民工受教育程度分布

从受教育程度来看，农民工的文化程度普遍较低，但受教育程度在不断提高。2017年，农民工中未上过学的占1%，具有小学文化程度的占13%，具有初中文化程度的占58.6%，具有高中文化程度的占17.1%，具有大专及以上文化程度的占10.3%。具有大专及以上文化程度的农民工所占比重比上年提高0.9个百分点，接受过农业或非农职业技能培训的农民工占32.9%（见表2-4和表2-5）。

表2-4　　　　　　　　　农民工文化程度构成　　　　　　　　单位:%

	2013 年	2014 年	2015 年	2016 年	2017 年
未上过学	1.2	1.1	1.1	1.0	1.0
小学	15.4	14.8	14.0	13.2	13.0
初中	60.6	60.3	59.7	59.4	58.6
高中	16.1	16.5	16.9	17.0	17.1
大专及以上	6.7	7.3	8.3	9.4	10.3

数据来源：农民工监测调查数据。

表 2 - 5　　　　　　　　接受技能培训的农民工比重　　　　　　单位:%

	接受农业技能培训		接受非农职业技能培训		接受农业或非农职业技能培训	
	2016 年	2017 年	2016 年	2017 年	2016 年	2017 年
合计	8.7	9.5	30.7	30.6	32.9	32.9
本地农民工	10.0	10.9	27.8	27.6	30.4	30.6
外出农民工	7.4	8.0	33.8	33.7	35.6	35.5

数据来源：农民工监测调查数据。

（二）农民工的就业情况分析

1. 农民工从事行业分布

农民工从事行业以制造业、建筑业和批发零售业为主。2017 年从事第二产业的农民工比重为 51.5%，比上年下降 1.4 个百分点。其中，从事制造业的农民工比重为 29.9%，比上年下降 0.6 个百分点；从事建筑业的农民工比重为 18.9%，比上年下降 0.8 个百分点。从事第三产业的农民工比重为 48%，比上年提高 1.3 个百分点。其中，从事批发和零售业的农民工比重为 12.3%，与上年持平；从事居民服务、修理和其他服务业的农民工比重为 11.3%，比上年提高 0.2 个百分点（见表 2 - 6）。

表 2 - 6　　　　　　　　农民工从事行业分布　　　　　　　单位:%

	2015 年	2016 年	2017 年
第一产业	0.4	0.4	0.5
第二产业	55.1	52.9	51.5
其中：制造业	31.1	30.5	29.9
建筑业	21.1	19.7	18.9
第三产业	44.5	46.7	48.0
其中：批发和零售业	11.9	12.3	12.3
交通运输、仓储和邮政业	6.4	6.4	6.6
住宿和餐饮业	5.8	5.9	6.2
居民服务、修理和其他服务业	10.6	11.1	11.3

数据来源：农民工监测调查数据。

2. 农民工区域分布

从输出地看，2017 年东部地区农民工为 10430 万人，占农民工总量的 36.4%；中部地区农民工为 9450 万人，占农民工总量的 33%；西部地区农民工为 7814 万人，占农民工总量的 27.3%；东北地区农民工为 958 万人，占农民工总量的 3.3%。西部地区农民工人数增长明显快于其他地区，西部地区农民工增量占新增农民工的 52.2%。从输入地看，在东部地区务工的农民工有 15993 万人，占农民工总量的 55.8%；在中部地区务工的农民工有 5912 万人，占农民工总量的 20.6%；在西部地区务工的农民工有 5754 万人，占农民工总量的 20.1%；在东北地区务工的农民工有 914 万人，占农民工总量的 3.2%。从重点地区看，在京津冀地区务工的农民工有 2215 万人；在长三角地区务工的农民工有 5387 万人；在珠三角地区务工的农民工有 4722 万人，西部地区吸纳能力逐步增强，在京津冀务工人数增长较快。

表 2－7　　　　　　　输出地和输入地农民工的区域分布　　　　　　单位：万人

		2015 年	2016 年	2017 年
输出地	东部地区	10300	10400	10430
	中部地区	9174	9279	9450
	西部地区	7378	7563	7814
	东北地区	895	929	958
输入地	东部地区	16008	15960	15993
	中部地区	5599	5746	5912
	西部地区	5209	5484	5754
	东北地区	859	904	914
	其他地区	72	77	79

数据来源：农民工监测调查数据。

3. 农民工收入情况

2013 年农民工人均月收入 2609 元，比上年增加 319 元，增长 13.9%。2014 年农民工人均月收入 2864 元，比上年增加 255 元，增长 9.8%。2015 年农民工人均月收入 3072 元，比上年增加 208 元，增长 7.2%。2016 年农民工月均收入 3275 元，比上年增加 203 元，增长 6.6%。2017 年农民工月均收入 3485 元，比上年增加 210 元，增长 6.4%。农民工收入在逐年增加，但增速逐年回落（见表 2-8）。

表 2-8   农民工月平均收入

	2013 年	2014 年	2015 年	2016 年	2017 年
月平均收入（元）	2609	2864	3072	3275	3485
增量（元）	319	255	208	203	210
增速（%）	13.9	9.8	7.2	6.6	6.4

数据来源：农民工监测调查数据。

（三）农民工基本权利保障状况分析

1. 住房保障

进入城镇的农民工一般通过自购住房、租赁房屋或者单位提供宿舍等方式居住，尽管农民工住房条件仍然比较差，享受保障性住房政策比例比较低（董昕，2013），但近几年进城农民工的购房比例提高，居住困难的进城农民工占比下降，进城农民工居住条件总体有所改善。根据 2016 年农民工数据，在进城农民工中，租房居住的农民工占 62.4%，单位或雇主提供住房的农民工占 13.4%，自购住房的农民工占 17.8%。根据 2017 年农民工数据，进城农民工人均居住面积为 19.8 平方米，比上年提高 0.4 平方米。人均居住面积 5 平方米及以下居住困难的农民工占 4.6%，比上年下降 1.4 个百分点。60.1% 和 58.4% 的进城农民工拥有电冰箱和洗衣机，分别比上年提高 2.9 和 3.0 个百分点；87.0% 的进城农民工有自来水，比上年提高 0.5 个百分点；80.2% 的进城农民工有洗澡设施，比上年提高 2.3 个百分点；71.4% 的进城农民工有独用厕所，比上年提高 1.8 个百分点；89.6% 的进城农民工能上网（计算机或手机），比上年提高 4.1 个百分点；21.3% 的进城农民工拥有汽车（生活和经营用车），比上年提高 2.7 个百分点。

2. 社会保障

根据农民工监测调查数据和流动人口动态监测调查数据，中国农民工参加各种城镇社会保险的比例仍然比较低，而且近年来仅维持缓慢的增长。2013 年，外出农民工中拥有养老保险、工伤保险、医疗保险、失业保险和生育保险的比重分别为 15.7%、28.5%、17.6%、9.1% 和 6.6%。2014 年，外出农民工"五险一金"的参保率分别为工伤保险 29.7%、医疗保险 18.2%、养老保险 16.4%、失业保险 9.8%、生育保险 7.1%、住房公积金 5.6%，比 2013 年分别提高 1.2、0.6、0.7、0.7、0.5 和 0.6 个百分点。从整体情况来看，养老保险、基本医疗保险、工伤保险是农民工参加较多的三种保险，失业保险、生育保险的参加比例较低，需要进一步提高（见表 2-9）。

表 2-9　　　　　　　外出农民工参加社会保障的比例　　　　　　单位：%

	2010 年	2011 年	2012 年	2013 年	2014 年
养老保险	9.5	13.9	14.3	15.7	16.4
工伤保险	24.1	23.6	24.0	28.5	29.7
医疗保险	14.3	16.7	16.9	17.6	18.2
失业保险	4.9	8.0	8.4	9.1	9.8
生育保险	2.9	5.6	6.1	6.6	7.1

数据来源：农民工监测调查数据；流动人口动态监测调查数据。

3. 子女教育保障

农民工外出就业，他们的子女是否随他们来到务工地接受教育成为他们不得不考虑的问题。随迁儿童的增加，不断给城镇义务教育体系施加压力。2017 年，3—5 岁随迁儿童入园率（含学前班）为 83.3%，比上年提高 0.6 个百分点。义务教育年龄段随迁儿童的在校率为 98.7%，与上年基本持平。随迁儿童教育得到较好保障。"费用高""本地升学难""孩子没人照顾"是农民工家长认同度最高的三个主要问题，2017 年"费用高"和"本地升学难"认同率较上年分别下降了 0.8 和 1.7 个百分点，"孩子没人照顾"的认同率较上年提高了 2.4 个百分点。随迁儿童上学面临的问题有所缓解。据调查显示，大多数农民工考虑到务工地的生活成本较高，他们还是希望能够让孩子在生活成本相对低的老家接受教育，但需要提高老家学校的教学质量以便孩子能够接受更好的教育。①

（四）农民工社会融合情况分析

据统计局全国农民工监测调研报告显示，2017 年的进城农民工中，38% 认为自己是所居住城市的"本地人"，比上年提高 2.4 个百分点。从进城农民工对本地生活的适应情况看，表示对本地生活非常适应和比较适应的占 80.4%，一般的占 18.3%，不太适应和非常不适应的占 1.3%。分城市类型看，城市规模越大，农民工对所在城市的归属感越弱，城市生活的适应难度越大。进城农民工在城市生活中的业余时间人际交往中，与老乡交往占 34.7%，与当地朋友交往占 24.6%，与同事占 22.6%，与其他外来务工人员占 3.5%，基本不和他人来往的占 12.7%。进城农民工对所在城市的归属感有所提高（见表 2 - 10），但社会活动仍比较单一。

表 2 - 10　　　　　　进城农民工对所在城市的归属感　　　　单位:%

		认为是本地人的农民工占比		对本地生活非常适应的农民工占比	
		2016 年	2017 年	2016 年	2017 年
城市类型	500 万人以上城市	15.3	18.7	12.1	14.3
	300—500 万人城市	23.9	25.3	14.6	17.5
	100—300 万人城市	39.2	43.1	16.1	19.7
	50—100 万人城市	46.7	48.7	18.1	20.1
	50 万人以下城市和建制镇	63.0	63.2	21.0	23.0
合计		35.6	38.0	16.0	18.4

数据来源：农民工监测调查数据。

---

①　山东管理学院农民工课题组 2014—2017 年对农民工进行跟踪调研的数据显示，41.6% 的农民工希望子女能够在老家的学校接受教育，但需要提高老家学校的教学质量以便孩子能够接受更好的教育。

三 推进农民工市民化面临的问题与挑战

由于缺乏完整的代表性数据，本书尚不能对农民工市民化状况进行准确的评价，现基于上文的描述与本书所进行的两次抽样调查结果，大体上可以有把握地总结出：中国在推进农民工市民化取得积极成效的同时，加快推进这项工作还面临不少难题和挑战。

（一）农民工就业方面的问题

稳定的就业保障是农民工进城安身立命的根本。近年来，中国高度重视农民工的劳动权益保障，建立了一系列的劳动保障制度，但由于农民工群体平均学历低、技能低，往往难以从事管理岗位、专业技术岗位、高技能岗位，而是多集中在矿山井下、建筑施工、粉尘作业等苦、脏、累、险且职业危险性大的岗位，导致一方面用人单位对技能人员"招工难"，另一方面部分农民工找不到工作，在城镇第二、第三产业实现充分就业难。由于农民工主要从事技能简单的工作，容易受到企业生产经营情况变化和人力资源市场波动的冲击，劳动合同期限较短，流动性大，实现稳定就业难（沈水生，2015）。

（二）农民工劳动权益方面的问题

在用人单位就业的农民工，劳动权益总体上依法得到了保护，但也存在一些问题：一是参与社会保险的比例很低。据国家统计局监测调查，2014 年全国 27395 万农民工中，参加城市工伤保险、医疗保险、养老保险、失业保险、生育保险、住房公积金的比率分别为 26.2%、17.6%、16.7%、10.5%、7.8% 和 5.5%。工伤保险参保率最高，说明农民工在城镇从事高危行业的较多，而住房公积金参保率最低，说明有意愿在城镇购房的群体并不多。即使将来有市民化的倾向，但由于保险费用及缴费年限的限制，使得这部分费用也是不小的支出，会增加他们的经济负担。二是劳动合同签订率低。据国家统计局监测调查，2016 年与雇主或单位签订了劳动合同的农民工比重为 35.1%，其中签订一年以上劳动合同的农民工比重为19.8%，签订一年以下劳动合同的农民工比重为3.3%，签订无固定期限劳动合同的比重为12.0%。三是工资拖欠现象严重。据国家统计局监测调查，2013—2016年农民工被拖欠工资的比重分别为0.8%、0.8%、1%和0.84%。四是工伤职业病多发。据《2017年度人力资源和社会保障事业发展统计公报》，2017年全年认定（视同）工伤104万人，全年评定伤残等级人数为52.9万人，全年享受工伤保险待遇人数为193万人。[①] 由于危险性职业多为农民工所从事，加上农民工文化程度相对偏低，安全意识薄弱，这就使得农民工往往成为工伤事故的高发人群，占发生工伤伤害的人群中的大多数（沈水生，2015）。

（三）农民工住房保障方面的问题

农民工在务工地的居住类型主要分为自购房、租房、宿舍、工棚等，据统计局农民工监测调查，在这几种居住类型中自购房比例最低，仅为16.5%，租房的比例最高，达62.4%。据本书调研数据显示，农民工在务工地居住的房屋类型，成套的单元房占23.00%，普通平房占40.60%，简易宿舍占34.64%，地下室占1.35%。可见农民工住房大多需要自己解决，为了节约成本，居住情况和房屋类型都不会太好。而谈到农民工未来定居的打算时，14.07%的农民工打算在务工所在地的城镇定居，19.49%的打算在务工所在地的城市定居，32.61%的打算回家乡城市定居，12.86%的打算回离家近的城镇定居，10.69%的打算回农村定居并改变农村居住条件，10.28%的则表示还没有决定。

安居才能乐业，才能真正地成为城镇居民。但是，因为收入不高，农民工受自身购房能力的限制，通常无力购买商品房。如何优化城乡空间布局、通过建设覆盖农民工的城镇住房保障体系，合理引导农民工的流向，是农民工市民化需要考虑的问题。

---

① 人力资源社会保障部：《2017年度人力资源和社会保障事业发展统计公报》，2018年5月21日（http://www.mohrss.gov.cn/ghcws/BHCSWgongzuodongtai/201805/t20180521_294290.html）。

（四）农民工社会融合方面的问题

由于户籍政策等原因，农民工往往难以与城镇居民在随迁子女教育、医疗卫生、社会保险等方面享受同等的基本公共服务，加之本身文化水平不高等素质问题，经常受到城镇居民的歧视，导致农民工在个人心理上难以融入城市，认为自己属于城市的"边缘人"群体。可见，改善农民工城市融入状况是中国"人的城镇化"的巨大挑战，需要跨越成本、制度、能力、文化、社会排斥和城市承载力约束六大障碍（魏后凯等，2016）。除了持续缩小农民工与城镇居民收入差距、改善农民工住房、拆除户籍制度有形篱笆、提高城市承载力等"硬环境"外，还得营造包容、接纳、尊重的"软环境"。后者同样是一个长期的过程，如何营造全社会尊重农民工的氛围，特别是消除歧视和偏见；如何建立长效教育培训体系，提升农民工群体的综合素质；如何使农民工从农村参与走向城市参与，提高农民工的城市归属感；如何使农民工从个体流动转到完整家庭式流动，提升农民工的幸福感等，都是农民工市民化进程的挑战。

第三章 农民工市民化进程测评

本章鉴于已有研究的不足和上文对农民工市民化内涵的综述，根据农民工市民化程度测评的全面性与系统性、代表性与简洁性、科学性与操作性、针对性与建设性及综合性与可比性原则，从文化融合、经济地位、社会适应和心理认同四个维度来建构农民工市民化程度测评指标体系。选用层次分析法（AHP），运用Yaahp. V. 9.1 的群决策专家数据录入软件，获取了 22 位专家的实际判断数据（其中管理学家 7 名、经济学家 5 名、社会学家 7 名，政府相关部门人员 3 名），对各指标重要性程度进行赋值，并对指标体系中的各层次指标的一致性进行了检验（分别为 CR1 = 0.0106、CR2 = 0，均符合一致性检验要求），将指标层总体权重汇总，得到各层指标权重水平。最后利用山东管理学院农民工课题组 2014 年 12 月进行的农民工市民化专项调查，科学评估了当前中国农民工总体市民化程度。

一 农民工市民化程度测评指标体系构建

（一）测评指标体系构建的原则

本书认为农民工市民化维度的辨识，即农民工市民化程度测评指标体系的构建应在对农民工所处的社会经济背景的充分认识下，遵循以下原则来完成。

第一，全面性与系统性原则，这个原则要求构建农民工市民化程度指标体系时，应尽量囊括移民融入的所有维度，并进行系统的分析与论证，以兹能够对农民工市民化的研究范围进行正确全面的把握。

第二，代表性与简洁性原则，这个原则要求研究者应能更多地关注农民工市民化的本质内容和主要矛盾，辨识出最重要、最本质的市民化水平评价指标来，对于次要的、非本质的评价指标则不应考虑，力求简洁，指标的选取应具有代表性。

第三，科学性与操作性原则，这个原则要求构建农民工市民化程度测评指标体系必须做到能科学、客观反映农民工市民化水平，评价指标要做到：内涵要明确、表意清晰；条目简练、重点突出、量化技术简便易行；可行为化、可测量性、可操作化，并具有实际意义。所谓可行性、可测性、可操作化即指评价指标体系中最低层次（方案层次）指标可以用数量化参数或者可操作化的语言表达，是可测量的、具体的、明确的、可以操作和把握的。

第四，针对性与建设性原则，这个原则要求研究者在建立农民工市民化程度测评指标体系时能客观考量农民工市民化的现状，以期为政府有关部门制定相应的政策提供科学依据，进而有针对性地加强农民工市民化水平的建设。

第五，综合性与可比性原则，这个原则要求对农民工市民化评价指标的设计运用系统思维整体构思，要坚持全面综合和可比性原则。在设计评价指标体系时，首先把市民化这个评价目标分解为若干一级指标、二级指标和三级指标，最后形成塔状结构的指标体系。在这个过程中要注意各指标之间必须是互不重叠、互不相容、互无因果的，也就是说评价指标体系既是有一定层次结构的整体体系，具有整体性，各指标又具有独立的可比较性。

（二）评价指标体系的构建

国外对移民社会融合的研究颇多且辨识出的社会融合测量维度也很多，国内学者借鉴国外移民融合理论，也从不同的角度对移民的社会融入测量维度进行了研究。但至于农民工市民化测量应包含哪些维度，目前学术界还没有达成共识。从已有研究提出的测量维度来看（见表3-1），不同的学者对移民的社会融入有不同的测量与定义，但也存在一些共性。

表 3 – 1 国内外学者社会融入测量维度总结

作者与文献	测量维度
Gordon（1964）	文化融合（Acculturation）、结构融合（Structural Assimilation）、婚姻融合（Marital Assimilation）、认同性融合（Identificational Assimilation）、态度接受（Attitude-Receptional Assimilation）、行为接受（Behavior-Receptional）和公共事务融合（Civic Assimilation）
Portesand Zhou（1993，1997）	文化方面和经济方面
Massey 和 Denton（1987，1993）	居住融合或空间融合
Alba 和 Nee（1997）	社会经济融合
田凯（1995）	相对稳定的职业、经济收入及社会地位、生活方式、社会交往和社会参与
朱力（2002）	经济层面、社会层面和心理或文化层面
张继焦（2004）	对城市生活的感受、经济生活、生活方式、社会交往和恋爱婚姻
风笑天（2004）	经济、心理、环境、生活4个维度（杨菊华的总结）。家庭经济、日常生活、与当地居民的关系、生产劳动、社区认同5个维度（张文宏等的总结）
杨黎源（2007）	风俗习惯、婚姻关系、工友关系、邻里关系、困难互助、社区管理、定居选择及安全感
童星和马西恒（2008）	"二元社区""敦睦他者"和"同质认同"
张文宏和雷开春（2008）	心理融合、文化融合、身份融合和经济融合
杨菊华（2009，2010）	经济整合、文化接纳、行为适应、身份认同（提出了具体的测量指标）
王毅杰等（2010）	社会交往与社会认同
悦中山（2012）	文化融合、社会经济融合和心理融合（提出了具体的测量指标）
周皓（2012）	经济融合、文化适应、社会适应、结构融合和身份认同
钟志平（2013）	居住情况、经济情况、日常生活情况、社区生活情况和心理认同情况
彭安明等（2014）	职业融入、行为融入、社会融入和政治融入

本书赞同悦中山（2009；2011）的观点，认为中国的农民工与国际移民不同，在农民工市民化过程中，没有宗教、种族、肤色的障碍，语言障碍和文化障碍也不如国际移民所面临的那么大。制度歧视应该是我国农民工市民化过程中所面临的最大困难，但制度因素作为宏观因素并不符合农民工在微观个体层次上的社会融入内容。所以制度因素并不属于本书的研究范畴。基于 Gordon（1964）的开创性研究及国内外已有研究的梳理，结合中国农民工市民化的特有国情，本书勾画了农民工市民化程度测评指标体系（见表 3－2）。认为农民工市民化涉及文化、经济、社会和心理 4 个维度。所以，农民工市民化程度测评指标体系应包含文化融合、经济地位、社会适应和心理认同4 个一级指标，一级指标下设地域文化、现代文化、收入情况、居住情况、就业情况、社会保障、人际交往、业余时间娱乐活动、身份认同和社会距离 10 个二级指标和语言、外表、风俗习惯等 28 个三级指标，三级指标下辖可直接测量的若干变量或参数，具体指标的操作化测量见表 3－3。

（1）文化融合

文化融合即农民工迁入城市主流社会，对现代工业社会文化和迁入地城市社会区域文化的适应与接纳。农民工进入城市后需要逐渐熟悉并接纳这两种文化所规定的某些"城市生活习惯"。对于现代工业社会文化的适应，这是所有农民工进入城市社会之后都要面临的，由农民工从农村农业社会进入城市现代工业社会决定的，具有普适性。而对区域文化的适应则包含两方面的内容，一是对迁入城市区域文化的适应，二是对原有家乡文化的保持。对迁入城市区域文化的适应是由流入城市所决定的，流入不同城市的农民工需要适应不同的地域文化（悦中山，2011）。本书选用语言、外表、风俗习惯、饮食习惯作为地域性文化的 4 个衡量维度，关于现代性文化的研究，则结合中国农民工的实际情况，借鉴悦中山（2009；2011）的研究，选取大众传媒、妇女地位、个人效能、计划性和时间观念5 个维度来测量。

表 3 - 2　　　　　　　　农民工市民化程度测评指标体系

一级指标	二级指标	三级指标
市民化程度	文化融合	地域文化	语言
		外表
		风俗习惯
		饮食习惯
	现代文化	大众传媒
		妇女地位
		个人效能
		计划性
		时间观念
	经济地位	收入情况	收入水平
		工资发放
	居住情况	房产情况
		居住环境
		居住条件
	就业情况	求职方式
		每周工作天数
		每天工作小时数
	社会保障	劳动合同
		保险和公积金缴纳情况
	社会适应	人际交往	朋友圈
		与本地居民交往情况
	业余时间娱乐活动	业余生活安排
		单位活动安排
		社区活动
	心理认同	身份认同	身份观念
		留城意愿
	社会距离	城里人怎么看待农民工
		愿不愿意和城里人交朋友

（2）经济地位

经济地位指农民工在流入城市所面临的收入、就业、居住以及社会保障等方面的融入情况，是农民工个体经济地位的综合反映。这四个方面构成了经济融入的具体测量指标，每个指标由多个变量或属性构成。收入情况由收入水平和工资的发放是否及时来反映；居住情况由房产、居住环境与居住条件来衡量；就业情况包括求职方式、工作时间等属性；社会保障则由劳动合同、保险及公积金缴纳情况来测量。

表 3 - 3　　　　农民工市民化三级指标具体测量赋值

三级指标	问题	各选项赋值
语言	您会说所在城市的方言么？ 1. 听不懂　2. 仅能听懂　3. 会说	选 1（0 分）；选 2（0.5分）；选 3（1 分）
外表	您的穿着打扮是什么风格的？ 1. 农村风格　2. 比在农村时洋气了许多　3. 城里人风格	选 1（0 分）；选 2（0.5分）；选 3（1 分）
风俗习惯	遵守家乡的风俗（比如婚、丧、嫁、娶的风俗）对您来说比较重要么？ 1. 非常同意　2. 同意　3. 既不同意也不反对　4. 不同意　5. 非常不同意	选 1（0 分）；选 2（0.25分）；选 3（0.5 分）；选 4（0.75 分）；选 5（1 分）
风俗习惯	您是否熟悉本地特有的风俗习惯？ 1. 几乎不熟悉　2. 熟悉一些　3. 大部分熟悉　4. 很熟悉	选 1（0 分）；选 2（0.3分）；选 3（0.7 分）；选 4（1 分）
饮食习惯	保持家乡的生活方式（如饮食习惯）对您来说比较重要么？ 1. 非常同意　2. 同意　3. 既不同意也不反对　4. 不同意　5. 非常不同意	选 1（0 分）；选 2（0.25分）；选 3（0.5 分）；选 4（0.75 分）；选 5（1 分）
大众传媒	您经常从报纸或互联网上获取新闻信息么？ 1. 从不　2. 偶尔（很少）　3. 经常	选 1（0 分）；选 2（0.5分）；选 3（1 分）
妇女地位	与女孩相比，您觉得男孩应该多读些书么？ 1. 非常赞成　2. 有点赞成　3. 无所谓　4. 有点反对　5. 非常反对	选 1（0 分）；选 2（0.25分）；选 3（0.5 分）；选 4（0.75 分）；选 5（1 分）
个人效能	您认为一个人的成功主要靠什么？ 1. 靠运气　2. 努力 + 运气　3. 自身努力	选 1（0 分）；选 2（0.5分）；选 3（1 分）
计划性	您在工作和生活上经常做计划么？ 1. 从来不做计划　2. 仅很少事情做计划　3. 大多数事情做计划	选 1（0 分）；选 2（0.5分）；选 3（1 分）

三级指标	问题	各选项赋值
时间观念	您与朋友（客户）约见，您认为多少分钟后不到就算迟到？ 1. 半小时以上 2. 10 分钟以上 3. 5 分钟以上	选 1（0 分）；选 2（0.5 分）；选 3（1 分）
收入水平	您目前每月的收入大概在（基本工资 + 奖金 + 加班费） 1. 1200 元以下 2. 1200—1800 元 3. 1800—2200 元 4. 2200—2900 元 5. 2900 元以上	选 1（0 分）；选 2（0.25 分）；选 3（0.5 分）；选 4（0.75 分）；选 5（1 分）
工资发放	目前的单位有过拖欠工资的情况吗？ 1. 经常 2. 较频繁 3. 偶尔 4. 从未有过	选 1（0 分）；选 2（0.3 分）；选 3（0.7 分）；选 4（1 分）
房产情况	您在城市居住在？ 1. 工棚 2. 集体宿舍、亲戚或朋友家里 3. 自租房 4. 自购房 5. 其他（请注明）_____	选 1（0.25 分）；选 2（0.5 分）；选 3（0.75 分）；选 4（1 分）；选 5（0 分）
居住环境	您在城市的居住环境： 1. 相对独立的外来人口聚居地 2. 周围是济南市市民的居住小区 3. 济南市市民与外地人的混合居住区 4. 其他（请注明）_____	选 1（0.25 分）；选 2（1 分）；选 3（0.5 分）；选 4（0.25 分）
居住条件	您在城市的住房（或住处）的电、自来水、煤气／液化气、暖气、厨房（包括室外合用）、厕所（包括室外合用）、洗澡设施（包括室外合用）情况： 1. 只有水、电 2. 有水、电、厨房、厕所 3. 有水、电、厨房、厕所、洗澡设施 4. 有水、电、厨房、厕所、洗澡设施、煤气／液化气 5. 全有	选 1（0 分）；选 2（0.25 分）；选 3（0.5 分）；选 4（0.75 分）；选 5（1 分）
求职方式	您是通过何种方式找到工作的？ 1. 老家亲朋好友等其他个人关系 2. 家乡地方政府帮助联系 3. 职业中介机构介绍 4. 自己在人力资源市场找的 5. 学校介绍或帮助推荐 6. 网上求职 7. 通过报纸、广播、电视等新闻媒体获得的信息	选 1（0 分）；选 2（0.25 分）；选 3（0.5 分）；选 4（0.5 分）；选 5（0.75 分）；选 6（1 分）；选 7（1 分）
每周工作天数	您在最近一年平均每个月的休息时间是（单选）： 1. 没有休息时间 2. 1 天 3. 2 天 4. 3 天 5. 4 天及以上	选 1（0 分）；选 2（0.25 分）；选 3（0.5 分）；选 4（0.75 分）；选 5（1 分）
每天工作小时数	在您现在的工作岗位上每天平均工作多少小时？ 1. 12 小时以上 2. 10 —12 小时 3. 8—10 小时 4. 不超过 8 小时	选 1（0 分）；选 2（0.25 分）；选 3（0.5 分）；选 4（1 分）
劳动合同	您与工作单位是否签订劳动合同？ 1. 既没签书面合同，也无口头约定 2. 没签，但有口头约定 3. 签了书面合同	选 1（0 分）；选 2（0.5 分）；选 3（1 分）

三级指标	问题	各选项赋值
保险和公积金缴纳情况	公司是否为您缴纳五险一金（工伤保险、医疗保险、养老保险、失业保险、生育保险和住房公积金）？ 1. 以上保险均无　2. 只有工伤保险　3. 三险（工伤保险、医疗保险、养老保险）　4. 三险一金　5. 五险一金	选1（0分）；选2（0.25分）；选3（0.5分）；选4（0.75分）；选5（1分）
朋友圈	平时与您交往的朋友中大部分是： 1. 一起出来打工的老乡　2. 打工时结识的朋友　3. 打工地本地人	选1（0分）；选2（0.5分）；选3（1分）
与本地居民交往情况	目前您与居住地本地居民的交往情况如何？ 1. 没有与当地人住在一起　2. 几乎没有交往　3. 交往很少　4. 交往一般　5. 交往很多	选1（0分）；选2（0.25分）；选3（0.5分）；选4（0.75分）；选5（1分）
业余生活安排	工作之余，您主要做什么？（可多选，不限项） 1. 找一些朋友喝酒、打牌　2. 睡觉　3. 洗衣服，整理自己的内务　4. 看书读报或上网　5. 逛街、打台球、游玩、打电子游戏等活动　6. 学习、参加一些职业培训等	选1（0分）；选2（0分）；选3（0.25分）；选4（0.5分）；选5（0.75分）；选6（1分）
单位活动安排	单位组织一些文体活动供员工们娱乐吗？（比如配备供员工娱乐的设施、组织运动会、旅游等） 1. 从未组织过　2. 偶尔组织　3. 有，较频繁　4. 有，经常	选1（0分）；选2（0.3分）；选3（0.7分）；选4（1分）
社区活动	据您所知，务工人员租住房屋的小区平时会组织一下活动让务工人员参加吗？ 1. 从来没参加过　2. 几乎没有　3. 有，很少　4. 有，经常组织	选1（0分）；选2（0.3分）；选3（0.7分）；选4（1分）
身份观念	下列说法哪一种更符合您的想法： 1. 我是农村人　2. 我既不是城市人，也不是农村人　3. 我娃是城市人　4. 我是城市人	选1（0分）；选2（0.3分）；选3（0.7分）；选4（1分）
留城意愿	如果条件允许，您想留在城镇吗？ 1. 基本不想　2. 不太想　3. 一般　4. 比较想　5. 非常想	选1（0分）；选2（0.25分）；选3（0.5分）；选4（0.75分）；选5（1分）
城里人怎么看待农民工	您感觉城里人怎么看待农民工？ 1. 瞧不起我们　2. 不知道，没注意过　3. 比较尊重	选1（0分）；选2（0.5分）；选3（1分）
愿不愿意和城里人交朋友	您愿意和城里人交朋友么？ 1. 讨厌城市人　2. 无所谓　3. 愿意	选1（0分）；选2（0.5分）；选3（1分）

（3）社会适应

社会适应是指农民工在流入城市后社会交往与社会分层的变化，即他们的人际交往对象由迁入地（老乡）群体扩展到了城市本地居民，以及他们向中产阶级或更高层次转变之后业余时间娱乐活动安排的改变。我们用人际交往和业余时间娱乐活动这两个指标来衡量社会适应，其中，人际交往包含朋友圈和与本地居民交往这两个指标，业余时间娱乐活动的安排则由业余生活安排、单位活动安排和社区活动三个指标构成。

（4）心理认同

心理认同是指农民工在迁入城市社会后对自己的社会成员的身份和归属感的认同。农民工迁入城市社会后需要处理两个问题：是否继续认同自己农民的身份和保持自己对农村社会的归属感，是否愿意建立起迁入地社会城市居民的身份认同和对城市社会的归属感。另外，本书也把社会距离归为心理认同的重要范畴，是衡量农民工心理认同的重要维度。在这里，社会距离指的是农民工个体对城市居民的亲近距离和城市居民对农民工个体的亲近距离的主观感受，而非空间距离。社会距离用城里人怎么看待农民工和农民工是否愿意和城里人交朋友两个维度来衡量。

二 农民工市民化程度测评指标体系的指标权重赋值

测评指标体系确定以后，接下来需要考虑的就是各级指标的"权重系数"问题了。"权重系数"指的是各评价指标在整个评价指标体系中的重要性和所占比重大小的一个量数。权重体系，则是指评价指标体系的所有指标权重的集合。指标体系一般被视为整体 1，而各指标的自权重系数又称绝对权数（评价指标自身分配的数值），一般则用 <1 的小数来表示，且满足 $\sum_{i=1}^{n} w_i = 1$ 的条件；而加权权数又称相对权数（评价指标各级别分配到的权重数），体现各级别上的差异。

一般而言，测评体系指标权重确定可以通过主观判定法（如特尔菲法、专家会议法、经验权重法、专家意见平均值法等）和数学运算法（如 AHP 层次分析法、指标对照配权法、关键要素归一定量法、归一化对偶比较法等）来确定。本书通过对各种方法的比较，发现 AHP 层次分析法更为有效、合理。故本书选用了管理学中常用的 AHP 层次分析法来进行农民工市民化程度测评权重指标体系的构建与测量。

（一）层次分析法

层次分析法（Analytic Hierarchy Process，AHP）是一种经典的多属性决策方法，通过分析复杂问题包含的因素及其相互联系，并将这些要素划分成相关联的有序层次，建立层次结构模型，然后根据一定客观的判断进行偏好分析，对每一层次中每两元素相对重要性给出定量表示，确定出全部元素的权重。

运用 AHP，大体上可按下面四个步骤进行：

步骤 1：建立阶梯层次结构模型。

在这个模型下，复杂问题在进行深入的分析之后，按其属性及关系被分解成若干层次，最高层为目标层，只有一个元素，最下层为方案层（方案、措施、指标等），中间层为准则层，可以由一个或者几个层次组成，包括所需要考虑的准则、子准则。

步骤 2：运用专家咨询法构造两两比较的判断矩阵。

阶梯层次结构模型建立之后，评价者利用专家打分的方法，从第一个准则层开始向下，逐步确定各层诸因素相对于上一层各因素的重要性权数。在进行各要素间的成对比较过程中，AHP 利用 Saaty 的 1—9 标度法（见表 3–4）对重要性程度进行赋值，构造判断矩阵 $A = (a_{ij})_{n \times n}$。

判断矩阵 A 具有如下性质：

① $a_{ij} > 0$；

② $a_{ij} = \dfrac{1}{a_{ji}}$；

③ $a_{ii} = 1$；

④ a_{ij} 的值越大，表示 A_i 相对于 A_j 的重要性越大。

根据性质①和性质②，判断矩阵 A 又称为正互反矩阵，根据性质②和性质③，对于一个由 n 个元素构成的判断矩阵只需给出其上（或下）三角的 $\frac{n(n-1)}{2}$ 个判断即可。

表 3 - 4   1—9 标度及其含义

标度	定义	说明
1	同样重要	两个因素比较具有同样重要性
3	稍微重要	该因素比另一因素稍微重要
5	明显重要	该因素比另一因素明显重要
7	强烈重要	该因素比另一因素强烈重要
9	绝对重要	该因素比另一因素绝对重要
2，4，6，8	两个相邻判断的中间值	表示上述相邻判断的中间值
倒数	若 j 因素与 i 因素比较，$a_{ij} = \dfrac{1}{a_{ji}}$	

步骤 3：计算单排序权向量并做一致性检验。

设 $w = (w_1, w_2, \cdots, w_n)^T$ 是一阶判断矩阵的排序权重向量，当 A 为一致性判断矩阵时，有：

$$A = \begin{pmatrix} a_{1,1} & a_{1,2} & \cdots & a_{1,n} \\ a_{2,1} & a_{2,2} & \cdots & a_{2,n} \\ \cdots & \cdots & \cdots & \cdots \\ a_{n,1} & a_{n,2} & \cdots & a_{n,n} \end{pmatrix} = \begin{pmatrix} w_1/w_1 & w_1/w_2 & \cdots & w_1/w_n \\ w_2/w_1 & w_2/w_2 & \cdots & w_2/w_n \\ \cdots & \cdots & \cdots & \cdots \\ w_n/w_1 & w_n/w_2 & \cdots & w_n/w_n \end{pmatrix}$$

用 $w = (w_1, w_2, \cdots, w_n)^T$ 右乘上式，得到：

$$AW = \begin{pmatrix} a_{1,1} & a_{1,2} & \cdots & a_{1,n} \\ a_{2,1} & a_{2,2} & \cdots & a_{2,n} \\ \cdots & \cdots & \cdots & \cdots \\ a_{n,1} & a_{n,2} & \cdots & a_{n,n} \end{pmatrix} \begin{pmatrix} w_1 \\ w_2 \\ \cdots \\ w_n \end{pmatrix} = n \begin{pmatrix} w_1 \\ w_2 \\ \cdots \\ w_n \end{pmatrix} = nW,$$

则说明 w 为 A 的特征向量，且最大特征根 λmax 为 n。

定义一致性指标：$CI\dfrac{\lambda-n}{n-1}$。

其中，n 为平均判断矩阵的阶数。

当 $CI=0$ 时，成对比较矩阵 A 有完全一致性，CI 越大，不一致程度越大，CI 接近于 0，有满意的一致性。

为了确定不一致程度的允许范围，Saaty 引进了评价随机一致性指标 RI（RI 的取值见表 3–5），又定义了一个一致性比率 CR，当：

$CR=CI/RI<0.1$，

认为其不一致性可以被接受，不会影响排序的定性结果。

表 3–5 评价随机一致性指标

阶数 n	1	2	3	4	5	6	7	8	9	10	11
RI	0	0	0.52	0.90	1.12	1.24	1.32	1.41	1.45	1.49	1.51

步骤 4：计算总排序权向量并做一致性检验。

计算同一层次中所有元素对最高层（总目标）的相对重要性标度（又称权重向量）称为层次总排序（朱建军，2005）。这一过程是由最高层到最低层逐层进行的。设上一层次 A 包含 m 个因素 A_1，A_2，$\cdots$，Am，其总排序的权重值分别为 a_1，a_2，$\cdots$，a_m；下一层次 B 包含 n 个因素 B_1，B_2，$\cdots$，B_n，它们对于 A_j 的层次单排序的权重值分别为 b_{1j}，b_{2j}，$\cdots$，b_{nj}，（当 B_i 与 A_j 无联系时，$b_{ij}=0$）；此时 B 层 i 元素在总排序中的权重值可以由上一层次总排序的权重值与本层次的层次单排序的权重值复合而成，结果为：

$w_i=\sum_{j=1}^{m}b_{ij}a_j i=1$，$2$，$\cdots$，$n$（具体见表 3–6）。

如果 B 层次某些因素对于 A_j 的一致性指标为 CI_j，相应地平均随机一致性指标为 RI_j，则 B 层次总排序一致性比例为：$CR=\dfrac{\sum\limits_{j=1}^{m}a_j CI_{ij}}{\sum\limits_{j=1}^{m}a_j RI_{ij}}$。

当 $CRk<0.1$ 时，可认为评价模型在第 B 层水平上整个达到局部

满意一致性。

表3-6   权重合成方法

层次A 层次B	A_1 a_1	A_2 a_2	...	A_m a_m	B层次总排序值
B_1	b_{11}	b_{12}	...	b_{1m}	$\sum_{j=1}^{m} a_j b_{1j}$
...	...	...	...	...	...
B_n	B_{n1}	B_{n2}	...	b_{nm}	$\sum_{j=1}^{m} a_j b_{nj}$

（二）指标权重赋值

如前所述，本书选用 AHP 层次分析法进行农民工市民化测评权重指标体系的构建与赋值，但因为人工手段进行判断矩阵的计算会非常烦琐，所以本书选用层次分析法软件 Yaahp. V. 9. 1 来进行统计数据处理，计算指标权重。Yaahp. V. 9. 1 层次分析法软件（见图3-1）功能强大，设计先进，只需输入层次结构模型和比较矩阵，即可进行权重计算，可以为决策过程提供数据分析方面的有效帮助。具体实施过程如下。

图3-1　本书所使用 Yaahp. V. 9. 1 层次分析软件界面图

1. 农民工市民化程度测评指标体系权重系数分析的层次结构模型建构

运用 Yaahp. V. 9. 1 软件进行评价指标权重系数的分析，首先需要建构层次结构模型。

第一步,建构层次结构模型。将决策问题分解为四个层次,最上层目标层 O:市民化程度。中间层为准则层,由两个层次构成:文化融合 A、经济地位 B、社会适应 C、心理认同 D;地域文化 A1、现代文化 A2、收入情况 B1、居住情况 B2、就业情况 B3、社会保障 B4、人际交往 C1、业余时间娱乐 C2、身份认同 D1、社会距离 D2。最下层为方案层:语言 A11、外表 A12、风俗习惯 A13、饮食习惯 A14、大众传媒 A21、妇女地位 A22、个人效能 A23、计划性 A24、时间观念 A25、收入水平 B11、工资发放 B12、房产情况 B21、居住环境 B22、居住条件 B23、求职方式 B31、每周工作天数 B32、每天工作小时数 B33、劳动合同 B41、保险和公积金缴纳情况 B42、朋友圈 C11、与本地居民交往情况 C12、业余生活安排 C21、单位活动安排 C22、社区活动 C23、身份观念 D11、留城意愿 D12、城里人怎么看农民工 D21、愿不愿意和城里人交朋友 D22。

第二步,绘制"层次结构模型"。运行 Yaahp. V. 9. 1,使用软件绘制层次结构模型功能,绘制"农民工市民化程度测评指标体系的权重分析层次结构模型",将以上各层指标要素之间的关系用相连的直线表示。我们构建的层次结构模型如图 3-2 所示。

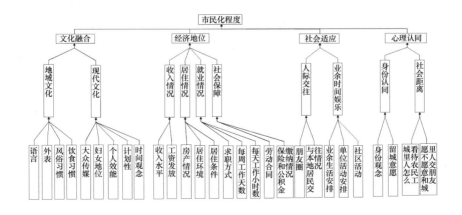

图 3-2 农民工市民化程度测评指标体系权重分析层次结构模型

2. 农民工市民化评价指标权重体系专家调查数据收集与导入

本书运用 Yaahp. V. 9. 1 软件的群决策专家数据录入软件，通过使用该软件，专家可以轻松录入其决策数据，然后将决策数据通过 email 等形式发回，调查者可以使用 Yaahp 直接导入这些专家数据，从而节省大量的人力和时间。具体操作方法如下。

（1）创建专家数据录入软件

合法的层次模型构建完成之后，打开"Home"操作页面，点击"生成调查软件"。

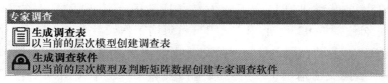

图 3 - 3   Yaahp. V. 9. 1 软件生成专家调查软件页面图

然后根据弹出的创建窗口，填写相应数据及设定调查软件安装程序名称和保存位置后，点击确认生成调查软件。

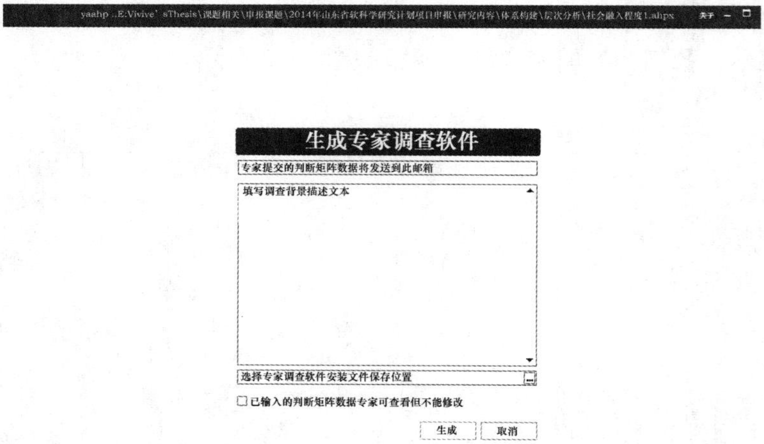

图 3 - 4   Yaahp. V. 9. 1 软件生成专家调查软件操作图

（2）导入专家数据

将生成的调查软件安装程序发送给专家，待所有专家把所有数据文件（.eme文件）都提交发送到Email以后，点击"Home"操作页面的"导入专家数据"，打开文件点击对话框，选择所有".eme文件"完成数据导入。

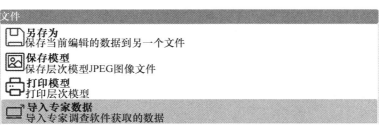

图3-5　Yaahp.V.9.1软件导入专家调查数据页面图

根据此方法，本书获取了22位专家的实际判断数据，其中管理学家7名、经济学家5名、社会学家7名、政府中农民工相关部门人员3名。将回收的22位专家数据全部导入软件，构造判断矩阵，利用专家的评价结果对判断矩阵赋值。具体判断矩阵参见表3-7至表3-11。

表3-7　　　　　　　　　市民化程度判断矩阵

	经济地位	文化融合	心理认同	社会适应
经济地位		3	1/4	1/2
文化融合			1/7	1/5
心理认同				2
社会适应				

表3-8　　　　　　　　　经济地位判断矩阵

	社会保障	收入情况	居住情况	就业情况
社会保障		3	1/2	2
收入情况			1/5	1/2

	社会保障	收入情况	居住情况	就业情况
居住情况				3
就业情况				

表 3 - 9 　　　　　　　　　　文化融合判断矩阵

	地域文化	现代文化
地域文化		1/4
现代文化		

表 3 - 10 　　　　　　　　　　心理认同判断矩阵

	身份认同	社会距离
身份认同		4
社会距离		

表 3 - 11 　　　　　　　　　　社会适应判断矩阵为:

	人际交往	业余时间娱乐活动
人际交往		1/2
业余时间娱乐活动		

3. 农民工市民化评价指标权重体系的一致性检查及权重系数计算结果的数据导出

(1) 判断矩阵一致性检查与调整

专家群决策调查数据全部导入层次分析软件后，需要对判断矩阵进行一致性检查，才能进行具体的权重系数计算。如前所述只有当一致性比率 $CR = CI/RI < 0.1$ 时，判断矩阵才能通过一致性检验。我们通过 Yaahp. V. 9.1 软件中的一致检测性功能进行检测并进行自动一致性修正（见图 3 - 6）。

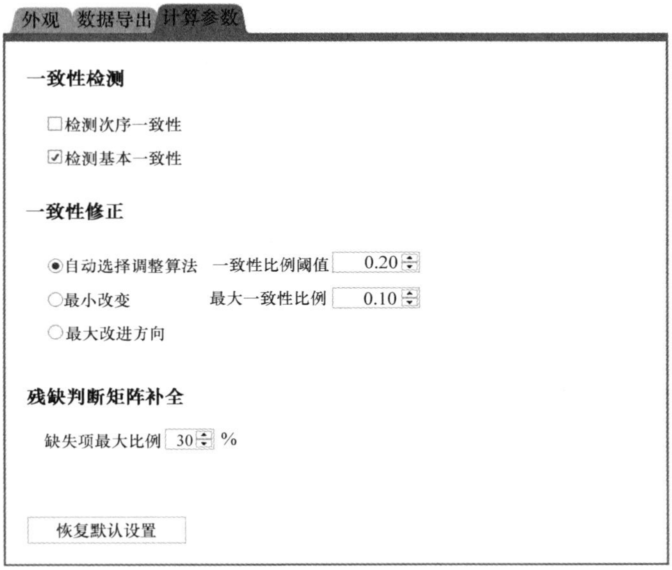

外观 数据导出 **计算参数**

一致性检测

☐ 检测次序一致性
☑ 检测基本一致性

一致性修正

◉ 自动选择调整算法   一致性比例阈值   0.20 ⬍
○ 最小改变   最大一致性比例   0.10 ⬍
○ 最大改进方向

残缺判断矩阵补全

缺失项最大比例 30 ⬍ %

恢复默认设置

图 3 - 6   Yaahp. V. 9. 1 软件权重分析一致性检测与修正界面

（2）计算结果与数据导出

Yaahp. V. 9. 1 软件将最终计算的权重系数集成在"计算结果"页面，可以将计算结果导出为 PDF 文件、Excel 文件、富文本文件（RTF）、纯文本文件（TXT），以及 HTML 文件（见图 3 - 7）。

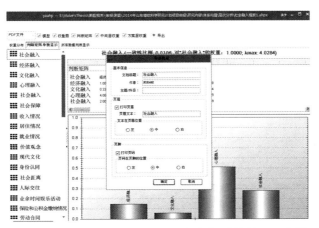

图 3 - 7   Yaahp. V. 9. 1 软件权重分析数据计算结果导出界面

经过 Yaahp. V. 9. 1 软件运算，得到各层指标相对于上层指标的权重和相对于社会融入度的权重，具体结果数据如表 3 - 12 至表 3 - 26 所示。

表 3 - 12　　　农民工市民化评价体系一级指标的权重赋值

市民化程度	经济地位	文化融合	心理认同	社会适应	Wi
经济地位	1.0000	3.0000	0.2500	0.5000	0.1478
文化融合	0.3333	1.0000	0.1429	0.2000	0.0594
心理认同	4.0000	7.0000	1.0000	2.0000	0.5129
社会适应	2.0000	5.0000	0.5000	1.0000	0.2799

　　说明："市民化程度"一致性比例：0.0106；对"市民化程度"的权重：1.0000；λmax：4.0284。

表 3 - 13　　　农民工市民化评价体系二级指标"经济地位"的权重赋值

经济地位	社会保障	收入情况	居住情况	就业情况	Wi
社会保障	1.0000	3.0000	0.5000	2.0000	0.2718
收入情况	0.3333	1.0000	0.2000	0.5000	0.0883
居住情况	2.0000	5.0000	1.0000	3.0000	0.4824
就业情况	0.5000	2.0000	0.3333	1.0000	0.1575

　　说明："经济地位"一致性比例：0.0054；对"市民化程度"的权重：0.1478；λmax：4.0145。

表 3 - 14　　　农民工市民化评价体系二级指标"文化融合"的权重赋值

文化融合	价值观念	地域文化	Wi
地域文化	1.0000	0.2500	0.2000
现代文化	4.0000	1.0000	0.8000

　　说明："文化融合"一致性比例：0.0000；对"市民化程度"的权重：0.0594；λmax：2.0000。

表3-15　　农民工市民化评价体系二级指标"心理认同"的权重赋值

心理认同	身份认同	社会距离	Wi
身份认同	1.0000	4.0000	0.8000
社会距离	0.2500	1.0000	0.2000

说明："心理认同"一致性比例：0.0000；对"市民化程度"的权重：0.5129；λmax：2.0000。

表3-16　　农民工市民化评价体系二级指标"社会适应"的权重赋值

社会适应	人际交往	业余时间娱乐活动	Wi
人际交往	1.0000	0.5000	0.3333
业余时间娱乐活动	2.0000	1.0000	0.6667

说明："社会适应"一致性比例：0.0000；对"市民化程度"的权重：0.2799；λmax：2.0000。

表3-17　　农民工市民化评价体系三级指标"社会保障"的权重赋值

社会保障	保险和公积金缴纳情况	劳动合同	Wi
保险和公积金缴纳情况	1.0000	5.0000	0.8333
劳动合同	0.2000	1.0000	0.1667

说明："社会保障"一致性比例：0.0000；对"市民化程度"的权重：0.0402；λmax：2.0000。

表3-18　　农民工市民化评价体系三级指标"收入情况"的权重赋值

收入情况	收入水平	工资发放	Wi
收入水平	1.0000	4.0000	0.8000
工资发放	0.2500	1.0000	0.2000

说明："收入情况"一致性比例：0.0000；对"市民化程度"的权重：0.0130；λmax：2.0000。

表3-19　　农民工市民化评价体系三级指标"居住情况"的权重赋值

居住情况	居住条件	房产情况	居住环境	Wi
居住条件	1.0000	0.1667	0.3333	0.0960
房产情况	6.0000	1.0000	3.0000	0.6530
居住环境	3.0000	0.3333	1.0000	0.2510

说明："居住情况"一致性比例：0.0176；对"市民化程度"的权重：0.0713；λmax：3.0183。

表3-20 农民工市民化评价体系三级指标"就业情况"的权重赋值

就业情况	每周工作天数	每天工作小时数	求职方式	Wi
每周工作天数	1.0000	1.0000	0.3333	0.2000
每天工作小时数	1.0000	1.0000	0.3333	0.2000
求职方式	3.0000	3.0000	1.0000	0.6000

说明:"就业情况"一致性比例:0.0000;对"市民化程度"的权重:0.0233; λmax:3.0000。

表3-21 农民工市民化评价体系三级指标"地域文化"的权重赋值

地域文化	饮食习惯	外表	风俗习惯	语言	Wi
饮食习惯	1.0000	3.0000	0.5000	2.0000	0.2644
外表	0.3333	1.0000	0.1667	0.3333	0.0750
风俗习惯	2.0000	6.0000	1.0000	3.0000	0.4892
语言	0.5000	3.0000	0.3333	1.0000	0.1714

说明:"地域文化"一致性比例:0.0172;对"市民化程度"的权重:0.0119; λmax:4.0460。

表3-22 农民工市民化评价体系三级指标"现代文化"的权重赋值

现代文化	时间观念	妇女地位	计划性	大众传媒	个人效能	Wi
时间观念	1.0000	0.5000	0.2000	0.2500	0.1429	0.0497
妇女地位	2.0000	1.0000	0.3333	0.5000	0.2000	0.0882
计划性	5.0000	3.0000	1.0000	2.0000	0.5000	0.2596
大众传媒	4.0000	2.0000	0.5000	1.0000	0.3333	0.1619
个人效能	7.0000	5.0000	2.0000	3.0000	1.0000	0.4406

说明:"现代文化"一致性比例:0.0093;对"市民化程度"的权重:0.0475; λmax:5.0416。

表3-23 农民工市民化评价体系三级指标"身份认同"的权重赋值

身份认同	留城意愿	身份观念	Wi
留城意愿	1.0000	0.2000	0.1667
身份观念	5.0000	1.0000	0.8333

说明:"身份认同"一致性比例:0.0000;对"市民化程度"的权重:0.4104; λmax:2.0000。

表 3 - 24 　农民工市民化评价体系三级指标"社会距离"的权重赋值

社会距离	城里人怎么看待农民工	愿不愿意和城里人交朋友	Wi
城里人怎么看待农民工	1.0000	1.0000	0.5000
愿不愿意和城里人交朋友	1.0000	1.0000	0.5000

　　说明："社会距离"一致性比例：0.0000；对"市民化程度"的权重：0.1026；λmax：2.0000。

表 3 - 25 　农民工市民化评价体系三级指标"人际交往"的权重赋值

人际交往	与本地居民交往情况	朋友圈	Wi
与本地居民交往情况	1.0000	2.0000	0.6667
朋友圈	0.5000	1.0000	0.3333

　　说明："人际交往"一致性比例：0.0000；对"市民化程度"的权重：0.0933；λmax：2.0000。

表 3 - 26 　农民工市民化评价体系三级指标"业余时间娱乐活动"的权重赋值

业余时间娱乐活动	单位活动安排	社区活动	业余生活安排	Wi
单位活动安排	1.0000	0.5000	2.0000	0.2857
社区活动	2.0000	1.0000	4.0000	0.5714
业余生活安排	0.5000	0.2500	1.0000	0.1429

　　说明："业余时间娱乐活动"一致性比例：0.0000；对"市民化程度"的权重：0.1866；λmax：3.0000。

　　根据以上数据汇总出农民工市民化评价体系各层指标相对市民化程度所占的权重（见表 3 - 27）。

表 3 - 27 　　层次分析法得到的各层指标相对市民化程度的排序权重

一级指标与权重		二级指标与权重		三级指标与权重	
指标	权重 Wi	指标	权重 Wi	指标	权重 Wi
文化融合	0.0594	地域文化	0.0119	语言	0.002
				外表	0.0009
				风俗习惯	0.0058
				饮食习惯	0.0031

一级指标与权重		二级指标与权重		三级指标与权重	
指标	权重 Wi	指标	权重 Wi	指标	权重 Wi
文化融合	0.0594	现代文化	0.0475	大众传媒	0.0077
				妇女地位	0.0042
				个人效能	0.0209
				计划性	0.0123
				时间观念	0.0024
经济地位	0.1478	收入情况	0.013	收入水平	0.0104
				工资发放	0.0026
		居住情况	0.0713	房产情况	0.0465
				居住环境	0.0179
				居住条件	0.0068
		就业情况	0.0233	求职方式	0.014
				每周工作天数	0.0047
				每天工作小时数	0.0047
		社会保障	0.0402	劳动合同	0.0067
				保险和公积金缴纳情况	0.0335
社会适应	0.2799	人际交往	0.0933	朋友圈	0.0311
				与本地居民交往情况	0.0622
		业余时间娱乐活动	0.1866	业余生活安排	0.0267
				单位活动安排	0.0533
				社区活动	0.1066
心理认同	0.5129	身份认同	0.4104	身份观念	0.342
				留城意愿	0.0684
		社会距离	0.1026	城里人怎么看待农民工	0.0513
				愿不愿意和城里人交朋友	0.0513

表 3 - 28　　　　　层次分析法得到的各层指标相对上层指标的排序权重

一级指标	二级指标与权重		三级指标与权重	
指标	指标	相对于一级指标权重 Wi	指标	相对于二级指标权重 Wi
文化融合	地域文化	0.2000	语言	0.1714
			外表	0.0750
			风俗习惯	0.4892
			饮食习惯	0.2644
	现代文化	0.8000	大众传媒	0.1619
			妇女地位	0.0882
			个人效能	0.4406
			计划性	0.2596
			时间观念	0.0497
经济地位	收入情况	0.0883	收入水平	0.8000
			工资发放	0.2000
	居住情况	0.4824	房产情况	0.6530
			居住环境	0.2510
			居住条件	0.0960
	就业情况	0.1575	求职方式	0.6000
			每周工作天数	0.2000
			每天工作小时数	0.2000
	社会保障	0.2718	劳动合同	0.1667
			保险和公积金缴纳情况	0.8333
社会适应	人际交往	0.3333	朋友圈	0.3333
			与本地居民交往情况	0.6667
	业余时间娱乐活动	0.6667	业余生活安排	0.1429
			单位活动安排	0.2857
			社区活动	0.5714
心理认同	身份认同	0.8000	身份观念	0.8333
			留城意愿	0.1667
	社会距离	0.2000	城里人怎么看待农民工	0.5000
			愿不愿意和城里人交朋友	0.5000

三 农民工市民化程度测算

鉴于以前研究调查数据的不足，运用 2014 年山东管理学院农民工研究课题组调查数据，实证检验测量指标体系的科学性，全面考察中国农民工市民化程度。其中，市民化程度综合指数计算公式为：

$$P = \sum_{1}^{n} w_i \, x_i \tag{1}$$

（1）式中 P 表示市民化程度综合指数，x_i 表示指标层每项指标的得分值，w_i 表示指标层指标权重。准则层各分项市民化程度的计算公式为：

$$p_j = \sum_{j1}^{jk} w_{ji} \left(\sum_{jk1}^{jkn} w_{jki} \, x_{jki} \right) \tag{2}$$

（2）式中 p_j 表示第 j 分项市民化程度，w_{ji} 表示第 j 分项第 i 个指标的权重，w_{jki} 表示第 j 分项中第 k 个指标下的第 i 个指标权重，x_{jki} 表示第 j 分项中第 k 个指标下的第 i 个指标得分值。

评价结果（见图 3 - 8）表明，2014 年中国农民工市民化程度为 46.98%，其中文化融合、经济地位、社会适应和心理认同 4 个方面的市民化程度分别为 53.44%、54.66%、46.31% 和 37.48%。2013 年中国户籍人口城镇化率为 35.9%，按照年均提高 1.3 个百分点推算 2014 年户籍人口城镇化率应为 37.2%，而按照常住人口计算，2014 年中国城镇化率为 54.77%[①]。可以看出中国新型城镇化进程中，农民工市民化程度主要表现出以下特点：（1）从总体市民化程度来看，农民工市民化的水平（46.98%）还没有达到"半市民化"的状态，市民化程度还很低。（2）市民化进程滞后于常住人口城镇化进程，没有城镇户籍的被统计在城镇常住人口中的农民工，绝大部分没有完全实现市民化。农民工市民化程度比常住人口城镇化率低的 7.79 个百分点为没有完全市民化的城镇常住农民工。（3）从不同维度考察，

---

① 《关于〈中共中央关于制定国民经济和社会发展第十三个五年规划的建议〉的说明》和《中共中央关于制定国民经济和社会发展第十三个五年规划的建议》。

水平差异较大。农民工市民化以经济地位的市民化水平最高，总体上已达到54.66%；其次是文化融合（53.44%）和社会适应（46.31%），心理认同的市民化水平最低，仅为37.48%。这说明经济地位作为农民工在城镇生存的重要基础条件之一，其市民化程度已超过农民工市民化的总体水平。而心理认同这一反映农民工市民化本质内涵的高层次维度指标，其市民化水平最低，这在一定程度上说明在本质上提高农民工市民化水平，将是一个漫长而艰巨的过程。因此，全面推进农民工市民化水平，必须均衡推进农民工在文化融合、经济地位、社会适应和心理认同上的市民化水平，而心理认同应该是今后政府在促进农民工市民化水平方面的重要内容。

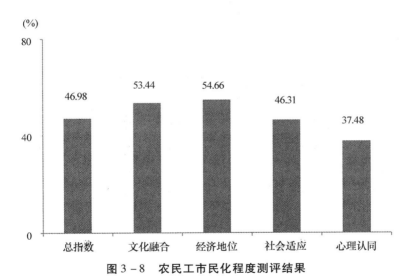

图3－8　农民工市民化程度测评结果

第四章 农民工市民化成本
及其分担机制

长期以来，政府与学术界在解释农民工市民化滞后问题时，逐步形成了户籍门槛障碍的思维定式。我们观察发现，农民工市民化并未随户籍制度的改革加快而明显加快。究其原因是将农民工纳入城镇公共服务体系所形成的巨大成本压力所致。农民工市民化成本作为我国推进新型城镇化建设的核心问题之一，国内不同研究机构、专家学者围绕农民工市民化成本构成、测算以及成本分担机制进行了相关研究。在成本测算方面，应考虑诸如社会、心理、文化、观念等方面的适应性非经济成本，在成本分担方面，要把即期成本和长期成本、经济成本与非经济成本等多维度的成本有机统一起来。同时，还应构建完善的农民工市民化的成本分摊机制，创新由政府、用工企业（社会组织）及农民工个人共同缴付的筹资机制（彭新万，2018）。

一 农民工市民化成本构成分析

农民工市民化的成本，主要是指将现在已经转移到城市居住或就业的农民工纳入城市公共服务体系，获得相应福利待遇和均等化公共服务所需进行的各种经济投入。从成本分担者的角度来看，一般可以分为政府成本（中央政府成本和地方政府成本）、企业成本和个人成本。

（一）政府成本
政府成本主要是指政府为农民工提供公共服务、劳动就业、社会保障和新（扩）建基础设施等而增加的财政支出。主要包括就业扶持成本、社会保障成本、保障性住房成本、公共服务管理成本、公共教育成本以及城市基础设施和社会设施投资成本。

1. 就业扶持成本

就业扶持成本主要是指政府和企业为促进农民工充分就业在职业介绍、职业技能培训、职业技能鉴定、创业扶持等方面的补贴以及对创办小微企业的借款人发放的小额担保贷款财政贴息等方面的支出较市民化前所增加的成本。农民工首先在城镇要有稳定的工作和收入，这是他们在城镇生存和定居的前提，也是他们能够最终实现市民化的必要条件。他们在城镇寻找工作时，存在严重的信息不对称，在就业的过程中还要面临用工歧视，为了帮助转移人口更好的就业和创业，政府承担了部分职业介绍、职业培训和创业扶持的职责，并以促进农民工市民化为目的，以职业介绍补贴、职业技能培训补贴和创业扶持补助为手段，在农民工职业培训和就业领域投入了大量的资金，鼓励职业中介机构为转移人口提供更好的职业介绍服务；鼓励农民工通过参加职业技能培训，提高自身的就业技能，还可以根据劳动力市场需求，大力开展订单式技能培训，确保培训与就业的有效衔接；鼓励那些有一定经验且有一定经济基础的转移人口自主创业，以创业带动就业。

2. 社会保障成本

社会保障成本是指农民工市民化以后，其个人和企业在社会保障方面缴纳的社保费用以及政府为他们投入的社保补贴等方面比市民化前增加的部分。农民工市民化以后必须参加城镇职工基本养老保险、基本医疗保险、失业保险、工伤保险、生育保险，他们在市民化以前就已经被纳入中国城镇社会保障体系，可以参加城镇的这五项保险，也可以参加城乡居民养老保险以及新型农村医疗保险。由于农民工就业不稳定、流动性强、收入水平较低、社保缴费比率高等原因，使得在城镇务工的农民工基本上处于参与城镇社会保障水平比较低的社会状态中，他们大多参加了农村的各种社会保险，而没有参加城镇社会保险，如果他们一旦市民化，就会和城镇原居民一样，绝大多数都要参加城镇社会保险，这必然会增加各成本分担主体的支出，多支出的部分就是农民工市民化社会保障成本。随着城镇化进程的加快，大量农民工会逐步转变为市民，社会保障支出是市民化成本中比重较大且不容忽视的成本。

3. 保障性住房成本

保障性住房成本，主要指政府为把新增加的农业转移市民化人口纳入城镇住房保障体系，所必须增加的资金投入。主要包括保障性住房的建设投入和政府为纳入廉租房体系的农民工所提供的补贴。其中保障性住房是指为了实现社会公平，实现中低收入阶层家庭居民的基本居住权，由政府直接出资建造或收购，或者由政府以一定方式对建房机构提供补助，由建房机构建设，并且限定标准，以较低价格或租金向中低收入家庭进行出售或出租的住房。在中国保障性住房主要由经济适用房、廉租房、公共租赁房和限价房等构成，保障性住房的建筑面积各地都有自己的规定。廉租房是政府以租金补贴或实物配租形式向低收入住房困难家庭提供的社会保障房，其分配形式以租金补贴为主，实物配租和租金减免为辅。

4. 公共服务管理成本

市民化的公共服务管理成本是指为容纳新市民化人口，城镇在进行各项公共服务和进行城市日常管理方面所需增加的资金投入，主要包括一般公共服务、文化、体育、医疗、卫生、节能环保等公共服务管理成本。

5. 公共教育成本

公共教育成本主要指为满足农民工市民化过程中应享有同等的义务教育服务，需投入的农民工随迁子女接受小学及初中教育的资金。农民工市民化不仅涉及转移人口个人，还涉及转移人口家庭成员，转移人口在城镇务工多年并最终实现市民化以后，他们在城镇就会逐渐趋于稳定，会将子女带在身边随迁进城，并进入当地城镇学校就读，随迁子女的教育关系到转移人口下一代的成长和发展，是农民工非常关心的问题。

6. 城市基础设施和社会设施投资成本

城市基础设施和社会设施投资成本指的是为了满足城市物质生产和居民正常生活的需要，尤其是农民工市民化转型后，城市人口迅速增加，建设交通运输、排水、通信、能源、环境清洁保护等设施所需的最低资金需求量。城市基础设施是城市物质形式的主要组成部分。一般可以分为工程性基础设施和社会性基础设施，其中工程性基础设施包括交通运输、排水、能源、通信、环境和防灾等内容。社会性基础设施则是指那些维持城市居民正常生活不可缺少的组成部分，包括文化娱乐、医疗卫生、学校教育和体育服务等社会服务性基础设施。

（二）企业成本

企业成本主要是指企业应承担的农民工在就业培训、社会保障以及同工同酬保障等方面的成本（王国霞等，2016）。农民工在企业工作，企业为他们支付与城市市民相同的薪酬引起的费用增加，包括企业为农民工支付的工资、奖金、福利等方面的增加。农民工与城市市民的人力资本存在显著差异，他们目前往往从事劳动时间长、危险程度大、收入不稳定的工作，企业支付的工资较低。此外，由于户籍制度带来的劳动市场分割，农民工和城市市民之间同工不同酬的现象还广泛存在。企业为农民工在社会保险方面的支出也低于城市市民。受文化水平限制，农民工不熟悉法律法规，对自己的权益认识不明确，维权意识不强，即使在福利待遇方面遭受不公平对待，也很少进行维权。这反过来助长了企业进一步降低他们的工资福利，实行歧视性待遇政策。但是，随着农民工市民化，制度保障将进一步加强，农民工的自我保护意识和保护能力都会提高，企业将无法继续实行歧视性的工资福利政策，工资福利性支出将明显上升。

1. 社会保障成本

这里的社会保障成本是指企业为促进农民工在城镇就业稳定和基本保障需要，在农民工市民化之后需要新增的养老保险、医疗保险、失业保险、工伤保险、就业培训等费用支出。

2. 技能培训成本

技能培训成本是指企业为农民工在技能培训方面较市民化前所改变的成本。

3. 工资歧视成本

工资歧视成本指农民工市民化后由企业补齐的因农民工受歧视而少发的那部分工资。

（三）个人成本

个人成本主要是指农民工个人及其随迁家庭成员在城镇工作生活所需支付的相比农村生活而增加的住房成本、生活成本、迁移成本、机会成本、自我社会保障成本以及适应城市生活的融入成本和失业风险等成本。

1. 住房成本

住房成本是农民工在城市化过程中为获得房屋居住权而必须支付的房租。从农民工获取住房的途径来看，主要分为以下七种情况：一是由雇主单位提供住宿；二是在工地或工棚居住；三是在生产经营场所居住；四是与他人合租；五是自己与家人独立租赁住房；六是打工地点离乡镇较近而每天回家居住；七是在务工地自购房。后面四种情况下都需要农民工支付一定的费用，而费用的多少主要根据所在地的房价水平。随着中国房屋价格水平不断提升，特别是一线城市房屋价格水平不断攀升，住房成本在农民工市民化的个人成本中占比越来越高。

2. 生活成本

生活成本是指农民工在成为市民后，在食品、衣着、居住、家庭设备用品及服务、交通和通信、文化教育娱乐用品及服务、医疗保健和其他商品和服务等方面的增加量。农民工的生活成本在其开支中占比最大，原因是生活成本主要受城乡发展水平影响，发展水平差别越大，物价水平差异就越大，农村流动到城市劳动力所需要负担的生活成本也就越高。

3. 迁移成本

迁移成本包括变卖和处理其持有的农村资产发生的损失和迁移到城市的费用。受现有制度约束，农民工变卖房屋、农业生产资料和持有的其他农村资产通常面临较大的价值损失，构成迁移成本的主要部分。

4. 城市融入成本

城市融入成本是指农民工在融入城市的过程中所需要做出的各种调整，这些调整可能无法计量，但也应纳入成本之列。农民工市民化不仅是农民工身份的转变，由农村居民转换成城市居民，更是其所从事行业的转变及所生活环境的转变。农民工只有从思维方式、生活习惯、组织形态及观念上发生改变，才能够真正融入城市，变成地地道道的城市居民。虽然许多农民工在城市中居住多年，但是，其从小形成的生活习惯和思维方式与城市居民的生活习惯和思维方式差异较大，要完全去适应新的城市生活，需要他们不断去调整言语行为及各种生活细节。同时，许多农民工只身在城市，难免会产生思乡之情，这也是其市民化过程中所可能面临的心理成本。除此之外，城市居民所承受的压力较多，如就业压力、人际关系压力、子女教育压力等，这些都可能给农民工带来负担，形成情感压力，间接增加了其融入成本。

5. 失业风险成本

失业风险成本主要是指农民工市民化后失业风险较大，可能带来经济上的损失。由于中国长期实行城乡分治制度，农村教育资源配置明显少于城市，农民工的平均受教育水平低于城市市民，加上长期形成的对农民工的歧视难以在短时间完全消除，其失业风险高于城市市民。一旦遇到经济衰退，农民工将承担额外的失业成本。

6. 自我社会保障成本

这里的社会保障成本是指农民工个人为缴纳社会保障资金而较市民化前所改变的成本，包括基本养老保险、基本医疗保险、失业保险三类，缴纳的比例分别为个人工资的8%、2%和1%，则农民工市民化的自我社会保障成本约为其工资总额的11%。

7. 子女教育成本

子女教育成本指农民工面临较多和可选择弹性较大的教育产品时为子女选择性开支而较市民化前所改变的教育成本，如择校费、培训班学费等（杜海峰等，2015）。

二 农民工市民化成本障碍分析

(一) 农民工市民化面临的主要成本障碍分析

市民化推进过程中的主要成本障碍包含以下几个部分。

1. 超出支付能力的城市住房及生活成本成为阻碍农民工市民化的最大资金障碍

俗话说"安居才可乐业",在城市中拥有一套产权房是农民工立足城市的基础,更是转变为市民的基础条件。一方面,因户籍限制能够获得廉租住房、公共租赁住房、购买经济适用房、购买限价商品房、棚户区改造房及住房救助等保障性住房的农民工少之又少。如果购买商品房,高昂的城市房价也根本不是农民工能承受得起的,租房居住不仅费用高,在传统的思想里也不是长久之计。高房价与低收入决定了农民工在城市实现安居非常困难。另一方面,农民工定居城市的生活成本也比在农村定居的生活成本增加了很多。调查显示,缺乏购房资金和增加的城市生活成本是大部分农民工不想落户城镇在城市定居的主要原因。

2. 农民工市民化后所丧失的机会成本,成为影响农民工市民化意愿的最大障碍

户籍新政下,各地方政府纷纷出台具体落实国务院户籍制度改革的政策措施,在政策层面放宽了城镇户籍迁移政策的限制,农民工落户城镇(除特大城市外)基本上没有了障碍。但农民工关注的已不再是能否落户城镇的问题,而是落户城镇后的利益是否比农村户口固有的土地权益更大。因户籍"含金量"大而吸引了大量农民工的特大城市的落户政策并没有惠及农民工群体,落户门槛低的中小城市因就业机会有限、基础设施建设落后等自身因素缺乏对农民工落户的吸引力,而农村土地却在城镇化的推进下因征地预期导致价值上升,农民工可以通过转移土地来获得巨大财富或补偿收益,这种城乡户籍价值倒挂的现象使农民工落户城镇的意愿进一步降低。另外,由于社会保障体系和城市住房保障体系的不完善,土地肩负着农民工最后的生活保障功能,农民工对落户城镇退出农村土地权益有后顾之忧，担心失地失业又失房。调查显示，66.7%的农民工不愿意落户城镇，主要是因为放弃土地获得市民身份的机会成本太高。

3. 巨额的公共成本成为地方政府推进农民工市民化进程的主要障碍

当前，农民工获得城市户口、实现市民化，主要意味着迁入城市政府必须向其提供与城市市民同等的排他性的三项公共福利服务——城市最低生活保障、政府补贴性住房安排以及城市公立学校平等就学权利。而在地方政府的财政收入远远小于其财政支出，财权与事权不匹配的现实情况下，地方政府缺乏足够的财力为4亿—4.5亿农民工提供上亿的保障性住房，并安排农民工子女在城市公立学校平等就学。长期来看，巨额的公共成本成为地方政府推进农民工市民化进程的主要障碍，尽管中央政府不断施加压力，地方政府依然缺乏为农民工提供与城市市民同等的公共福利服务的积极性。

（二）依靠农村土地流转，突破农民工市民化成本障碍

1. 依靠农村土地流转，突破农民工市民化成本障碍的可行性

（1）政策允许

党的十八大以来，中共中央着力推进土地制度改革，对农村土地流转进行了一系列具有重大创新意义的探索。2013年中央1号文件《中共中央国务院关于加快发展现代农业进一步增强农村发展活力的若干意见》，从土地产权的根本处着手，倡导对农村集体产权制度改革，同时彰显农民土地产权的相关法律权益。2014年中央1号文件《中共中央国务院关于全面深化农村改革加快推进农业现代化的若干意见》，在落实农村土地集体所有权及上述农地产权权益获取的基础上，从基层实施、协同跟进的角度出发，创新性地提出农地流转与金融运行的关联，旨在打破土地流转的金融瓶颈。这一政策放活了土地经营权，赋予其抵押融资的权能，并打消了农民土地流转的顾虑。2015年年初，农业部、中央农村工作领导小组办公室等6部门联合下发《关于认真做好农村土地承包经营权确权登记颁证工作的意见》，进一步提出了稳定关系、强化物权、促进流转、增加投入的建

设性方针，构建了一条多元互动互通的农地流转保障新机制。随着中共中央办公厅和国务院办公厅联合印发《关于农村土地征收、集体经营性建设用地入市、宅基地制度改革试点工作的意见》，中国农村土地制度改革拉开大幕。2015 年 8 月，国务院印发《关于开展农村承包土地的经营权和农民住房财产权抵押贷款试点的指导意见》，中国农村产权改革取得新进展。2016 年 2 月，李克强总理在第十二届全国人民代表大会第四次会议上指出："积极发展多种形式农业适度规模经营，鼓励农户依法自愿有偿流转承包地，深化农村集体产权、农垦、集体林权、国有林场、农田水利、供销社等改革。"[1] 2016 年 10 月，中共中央办公厅、国务院办公厅出台《关于完善农村土地所有权承包权经营权分置办法的意见》，开创性地把土地集体所有权、农户承包权、土地经营权实施了三权分置，并通过法规的方式予以明确，这是农地产权权能的机制性大转变，强化了农民工城镇化的法律和政策保障，消解了农民工市民化和原有土地之间存在的后顾之忧。这是中国继家庭联产承包责任制后的另一重大制度创新，为农村土地流转提供了健全的制度保障。

（2）实践奠基

近年来，农村土地股份制、宅基地换房、宅基地退出、重庆地票、城乡建设用地增减挂钩、集体建设用地流转、土地换社保、专业合作社建设等一系列农民工市民化的实践探索，促进了农村土地等资源要素的流转和集中配置，为推进农村土地流转，降低农民工市民化成本，奠定了良好的基础，积累了丰富的经验（唐建、王庆日、谭荣，2014）。例如，四川省内江市市中区从 2012 年开始开展农村产权制度改革工作，形成了"三化进户"模式、"一退三保三结合"模式、"三换"模式等典型模式，实现了农村土地资源高效利用，有效

---

① 2016 年 3 月 5 日李克强在第十二届全国人民代表大会第四次会议上做政府工作报告，指出："积极发展多种形式农业适度规模经营，完善对家庭农场、专业大户、农民合作社等新型经营主体的扶持政策，鼓励农户依法自愿有偿流转承包地，开展土地股份合作、联合或土地托管。深化农村集体产权、农垦、集体林权、国有林场、农田水利、供销社等改革。"载于新华网（http://news.xinhuanet.com/fortune/2016-03/05/c_ 128775704. htm）。

促进了农民财产性收入的增加。[①] 2010 年湖州尝试在农民集中安置过程中以"房票制"模式推进农房安置，将搬迁农户享有的富余住宅权以折价入股的方式，参与相关商业配套设施建设，这就使集体土地上的房屋拆迁安置在原有安置方式的基础上，增加了市场化安置方式——以审核签领的"房票"稳定获取财产性收入，或被拆迁农户可凭拆迁人发放的"房票"到指定的楼盘购买商品房。2015 年"房票"综合改革试验区——吴兴区发放"房票"28.8 万平方米，安置 2964 户，户均收益 2.6 万元，促进了集体经济的发展与农民持续增收（杨璐璐，2016）。山东省莱芜市通过组建土地股份合作社与农业企业合作经营等形式实现土地规模经营，把土地承包经营权量化入股，农民按股获得股权收益，既克服了一家一户分散经营的局限性，同时又把农民从土地上解放出来从事非农产业，拓宽了农民的增收渠道，增加了农民收入。

2. 完善农村土地流转，破解市民化成本障碍的政策建议

目前的中国农村，推进农地的流转，就亟须在坚持农村土地集体所有的前提下，在"集体所有、家庭承包、多元经营"三权分置的视域下，在马克思产权理论的指导下，完善土地管理的相关法律法规，以制度的规范、引导、保障、激励和约束机制，促进农村土地流转的规范发展，提高土地资源配置效率，清除农民工市民化的成本障碍。在农村土地使用权流转的改革方案中，有部分专家学者提出了私有化方案，但这不符合中国基本国情。中国农村土地流转必须要在坚持农村土地集体所有的前提下，促使承包权和经营权分离，形成所有权、承包权、经营权三权分置以及经营权流转的格局。

（1）制定城乡统一的土地法律，改变土地政策的二元分割格局

中国实行土地所有权的公有制度，城市土地所有权归国家所有，农村及城市郊区土地所有权归集体所有。这两种土地公有制只是财产

---

① "三化进户"模式，即承包土地股权化、集体资产股份化、农村资源资本化。"一退三保三结合"模式，即有偿退还土地承包权，继续保留选举权、宅基地使用权和集体资产收益分配权，结合工商资本下乡、农村产权抵押融资和集体资产股份制改革，集中经营退出土地，实现退地不退社、不荒地、不失业。"三换"模式，即退地换现金、换股份、换社保。

归属的主体不同，而不是权利的差异，应制定这两种土地公有制的统一土地法律，建立保护农村土地产权的制度基础，赋予和保证农村土地和城市土地同等参与工业化和城镇化的机会与权利，保证"同地、同权、同价"，并赋予农民享有土地非农化过程中的收益权和转让权（罗必良等，2013）。尽快出台农村集体建设用地流转的法律，改革现行的征地制度，建立科学的宅基地使用权取得和退出机制，逐步放宽宅基地使用权的流转，促进农村土地规范、有序、健康流转，形成城乡统一的土地市场。

（2）加快农村土地的全面赋权与颁证工作，为土地流转的改革与发展奠定基础

马克思认为土地产权的核心是土地所有权，是围绕所有权形成的，对土地的占有、使用、处分（租赁、经营、抵押）、发展、收益等各种相对独立的权利，形成附着于土地上的权利系统。从观念到实践，农村土地所有权归属处置权不明、产权意识弱化既是目前中国农村土地产权理念模糊的现象，又是土地流转问题的牵制因素。中国的农村土地流转改革应以马克思土地产权理论为指导，明晰产权归属，更加明确农村土地集体所有的法律界属，厘清集体土地的所有权主体和客体，在此基础上对农村土地承包经营权进行确权。应该在国家针对集体所有权和承包经营权开展的登记发证工作条件下，完成农地承包经营权的登记颁证工作，以法律的形式对农地处置权、抵押权、担保权、继承权等权能进行赋权，使农村土地流转有明确的权利主体和权责清晰的流转客体。对承包土地的经营权、宅基地使用权、宅基地上自住房屋所有权确权到户，颁发土地承包经营权证、宅基地使用权证以及宅基地上的房屋所有权证（辜胜阻等，2015），实现农民"以户籍权利安排土地退出制度"向"以土地权证安排土地退出制度"的转变（黄祖辉，2015）。产权规范是农地流转的基础，也是降低土地流转成本、减少过程冲突的有效方式。颁证赋权工作要全面摸清集体资产"家底"，界定清楚集体经济组织成员，既要锁定资产，还要锁定人员，防止"家底"不清、分配不公等问题。

（3）放开政府对流转方式的限制，建立农村土地交易流转平台

进入现代化进程的农民，面对土地，一是寻求所有农地的资源最

优化配置，形成流转市场的优质资源；二是试图获取更大的土地资本，稳固经济地位以利于自我发展，积累转移到城市的融入财富。而政府的意图和作为，应着眼于与农民的诉求相关的两个方面：一是以规范的政策法规，营造农地流转的健康氛围；二是以开放的心态和务实的解决方案，对土地流转的方式、方法、数量、范围、价格等方面，予以放松解绑，并以法规形式，鼓励农地市场化、营建相关流转平台，推动农村土地的流转。鼓励农民工自愿有偿退出和流转农用地承包权、宅基地使用权以及房屋所有权，增加农民工的财产性收入。

（4）尊重农民的意愿，建立监管机制，规范政府在农地流转中的行为

在中央全面深化改革领导小组第五次会议上，习近平总书记发表重要讲话提出："土地流转要尊重农民的意愿，不搞强迫命令，不搞行政瞎指挥。"在土地流转的实践中，地方政府要原原本本贯彻落实党中央确定的方针政策，尊重农民的意愿和遵循农地流转的市场规律，因地制宜，因势利导，不能搞一刀切、大跃进、片面追求流转的规模与速度。同时，要建立监管机制，规范政府行为，杜绝村集体和基层干部在农地流转过程中出现的越俎代庖和强迫农民流转的行为。还应专门成立土地流转纠纷调处和仲裁机构，及时调处土地流转纠纷，查处土地流转中的违法行为。

（5）放宽农民工社会保障的准入条件，完善社会保障制度

农民工进城之后，不愿意流转土地的重要原因之一，是把土地作为最终保障。那么放宽农民工社会保障的准入条件，全面落实农民工的养老保险、医疗保险和城市最低生活保障制度，提升农民工社会保障水平，逐步实现一体化的城乡社会保障制度，就可以解决农民工的后顾之忧，促进农民工土地流转和有偿退出土地权益的意愿。

三　农民工市民化成本测算

成本测算对建立农民工市民化成本的解决机制具有十分重要的现实意义，是农民工市民化成本分析中的重点，针对这一问题，国内不同的研究机构、专家学者进行了研究，但由于成本口径、计算方法存

在很大差异，计算出的结果也不尽相同，这在一定程度上增加了各方疑虑，也为决策带来了困扰（张占斌等，2014）。基于此，下文主要分析国内典型测算案例的主要内容与基本观点，并在此基础上，全面阐述农民工市民化成本测算的方案主张。

（一）政府支出的公共服务成本测算方案

很多学者认为农民工市民化的成本主要是指"公共服务成本"（张占斌、冯俏杉、黄锟，2014），关注的重心在于在农民工市民化过程中，政府因向农民工提供公共服务而需要承担多少市民化的成本，从而判断中国财政是否能负担得起这部分支出，因此他们重点测算了公共服务成本（彭新万，2018）。

1. 国务院发展研究中心课题组（2010）方案

国务院发展研究中心课题组（2011）认为，农民工市民化的过程，实质是公共服务均等化的过程。把政府应负担的公共服务成本分为义务教育、居民合作医疗保险、基本养老保险、民政部门的其他社会保障、城市管理费用和住房公共成本6个方面，课题组对重庆、郑州、武汉、嘉兴4个城市进行了调研测算，并按2010年不变价格计算出4个城市的农民工市民化成本为7.7万—8.5万元，并以此推测出每个农民工市民化的政府支出公共成本约为8万元。去除养老保险的远期支出后，即期平均成本约为4.6万元。如果再将年度支付的日常费用分解，一次支付平均最多为2.4万元，年度支付约为560元。因此，课题组认为农民工的市民化成本并非不可承受，关键在于政府的行动能力。

2. 申兵（2012）方案

申兵（2012）认为，农民工市民化可以理解为农民工获得城镇居民的身份和平等权利，与城镇户籍居民一样平等享受政府所提供的福利待遇的过程。这些福利待遇即为政府为城镇户籍居民提供的教育、公共卫生、就业扶持、社会保障和保障性住房等方面的公共服务。而市民化成本则为将原本只覆盖本地户籍居民的基本公共服务扩展到农民工并保障其特殊权益，需要的额外投入。在此基础上，申兵（2012）以宁波市为案例，采用分类计算而后加总的方法，测算出

"十二五"时期，地方政府为农民工提供与本市户籍居民同水平的子女义务教育、公共卫生、就业培训、社会保障和改善住房条件等公共服务的成本为 13507.4—25507.4 元。在此基础上，设计了农民工市民化的成本政府间以及政府与企业间的分担机制，建议中央政府应重点加强对跨省农民工集中流入地区的支持，企业则主要在农民工权益保障、职业培训、社会保险和住房条件改善方面发挥积极作用。

3. 葛乃旭、符宁、陈静（2017）方案

葛乃旭、符宁、陈静（2017）选择随迁子女教育成本、基本社会保障（养老保险、医疗保险）、其他社会保障（最低生活保障等）、公共卫生（妇幼保健、计生服务和免疫费用等）、住房保障（廉租房成本）、城市管理费 6 项，以上海市为例，借鉴国务院发展研究中心课题组的研究方法，对代表性农民工市民化过程中政府需提供的各项公共服务的成本进行了测算①。通过测算得出，上海市新增加一个代表性农民工，实现市民化所需财政成本约为 63.88 万元。因此得出了财政支出压力是特大城市农民工市民化的重要制约因素之一，并在此基础上提出了特大城市农民工市民化政策制定的建议。

（二）政府承担的社会服务成本测算方案

很多学者认为农民工市民化过程是一系列基本权力保障和公共服务享受的实现过程，需要政府承担相应的社会成本，因而需要通过构建农民工市民化的社会成本模型，来测算农民工市民化的社会成本。

1. 张国胜（2009）方案

在研究农民工市民化成本测算的相关研究中，张国胜方案算是一个典型代表。自 2008 年起，张国胜围绕农民工市民化成本进行了相关研究，并公开发表了系列文章。在他看来，农民工市民化的社会成本是指使现有农民工在身份、地位、价值观、社会权利以及生产、生活方式等方面全面向城市市民转化并顺利融入城市社会所必须投入的

---

① 葛乃旭等对代表性农民工做出如下主要假设：农民工的年龄设定为 29 岁以上的男性，即需考虑其成家后的所有需要，如住房、妇幼保健、子女教育等；农民工退休年龄为 65 岁；农民工的寿命设定为全国人口平均寿命 74.83 岁（测算时取 75 岁）；在市民化过程中，农民工的子女（假设为一个）也随之市民化。

最低资金量。具体可分为私人发展成本与公共发展成本两个部分。在此基础上，张国胜（2009）计算出东部沿海地区第一代农民工与第二代农民工市民化的社会成本分别约为 10 万元与 9 万元，内陆地区的第一代农民工与第二代农民工市民化的社会成本分别约为 6 万元与 5 万元。据此，他提出应在改革户籍制度、就业制度、社会保障制度和城乡土地制度的基础上，在社会、经济平稳发展的过程中实现农民工市民化。

2. 单菁菁（2015）方案

单菁菁（2015）认为，农民工市民化的成本主要是指农民工到城镇定居生活并获得相应福利待遇和公共服务等所需进行的各种经济投入，分为政府成本、个人成本和企业成本三部分。她认为企业在农民工市民化过程中所担负的成本在很大程度上是企业自身的生产成本，实际担负的额外支出很少。因此从公共成本和个人成本两个方面对中国农民工市民化的综合成本进行了测算，测算出中国东、中、西部城镇农民工市民化的人均公共成本分别为 17.2 万元、10.2 万元和 10.4 万元，全国平均为 12.9 万元。因此，提出应该加快建立政府、企业、个人和市场"四位一体"的农民工市民化成本分担机制，并在此基础上探讨了中央政府、地方政府、企业、个人和市场在这一过程中各自应该担负的主要责任。

3. 杜海峰、顾东东、杜巍等（2015）方案

杜海峰、顾东东、杜巍（2015）基于经济学和社会学相关理论，将农民工市民化成本划分为外部成本和私人成本，将私人成本区分为显性成本和隐性成本。在综合考虑农民工在城乡间流动可能对成本测算的影响基础上，构建了更加完善的成本指标体系。认为农民工市民化总成本是农民工市民化前后，在职业、社会身份、社会生活等方面成本的改变之和，由农民工承担的私人成本（包括显性成本、隐性成本）与政府、企业承担的外部成本构成。利用广东省 2009—2013 年的普查数据和实地调研数据测算农民工市民化的年度人均总成本为 6.314 万元。进一步分析表明，政府是农民工市民化的主要推动者而非成本的最大承担者，农民工市民化能有效缓解城乡差异，提升农民工的人力资本，市民化后农民工失业风险降低，但隐性成本对农民工

市民化的意愿与行为可能产生影响。

（三）不同测算方案述评

综合起来看，由于中国农民工市民化在时间上具有长期性，在空间上呈现出多地域性，加之研究者对农民工市民化成本的研究角度不同，对市民化成本的定义不同，研究的内容不同，成本内涵不同，尚未形成系统性较强和公认度较高的成本细分体系和测算方法（江小容、王征兵，2012），计算模型公式的指标选取、测算标准、数据来源等都存在差异，从而导致农民工市民化成本的测算结果差异很大，影响了相应地区的成本分担体系构建，弱化了公共部门决策的科学性。具体而言，当前测算结果的研究主要存在以下三个方面的不足。

第一，测算结果不能完全表示出农民工市民化所发生的所有成本。从测算结果来看，大部分研究者对公共成本进行了测算，而很少有学者对企业成本或个人成本进行单独测算，对农民工市民化产生的非经济成本进行具体量化衡量的学者也不多见。从外部影响条件来看，很多研究者没有考虑人口结构及农民工愿意市民化的比例，有些项目成本的计算没有剔除不愿意留在城镇的农民工的影响，因而最终测算出来的农民工市民化的人均成本偏大。因此测算结果并不能完全表示出农民工市民化所发生的所有成本。

第二，尚未形成系统性较强和公认度较高的测算方法。大多数学者采用先计算出人均成本再采用分类计算而后加总的方法计算出总成本。但是，在加总的过程中需要注意的是，有的项目人均成本指的是每年所需，而有的项目人均成本是指农民工市民化后直到生命终止所发生的成本支出，所以并不能单纯地将这些项目相加。此外，由于农民工市民化具有长期性，在市民化过程中发生的很多成本并不是短期内就能发生的，如社会保障性成本属于长期成本，因此应该分别考虑短期成本和长期成本进行计算。

第三，没有构建出统一有效的测算指标体系。从测算的各项成本指标来看，当前的研究没有构建出统一的指标体系，可能使相关研究的实际价值大打折扣。例如，有的文献在计算总成本时没有考虑机会成本的影响，有的学者对社会保障成本或社会保障性住房成本进行测算时只计算了政府支付的部分而遗漏了企业和个人承担的费用。在测算模型的构建方面，学者多从成本构成或分担主体的单一维度构建模型，有很多学者并未考虑用农民工的区域分布和年龄结构差异来丰富模型。以上这些缺失都会使农民工市民化成本的测算结果出现很大的偏差。

通过以上分析可知，农民工市民化的成本测算问题还应在成本构成内容、成本测算模型、成本测算方法上进一步规范和深入研究。今后的研究既要重视将隐性成本、机会成本等非经济因素纳入农民工市民化成本体系中，又要将中国传统文化及其所形成的"根"观念纳入成本的范畴（彭新万，2018）；需要明确界定并形成统一认识，对农民工市民化成本进行科学、有效、规范的划分。总体上可以将农民工市民化划分为政府成本（分为中央政府成本与地方政府成本）、企业成本和个人成本三个部分。在计算这三部分成本时要区分远期成本与短期成本、会计成本与机会成本、经济成本与非经济成本。

四　农民工市民化成本分担机制

前文分析了农民工市民化的成本测算问题，而如何筹集及分担农民工市民化过程中所支付的成本则是促进农民工市民化的关键问题，特别是如何减轻不同主体所需承担的市民化成本，更加值得关注（刘晓，2018）。现有文献对农民工市民化成本分担机制已有丰富的研究，并在解决农民工市民化成本问题上基本达成一致共识。不论是学者还是官方都基本认同农民工市民化过程中不但要理顺中央财政同地方财政的关系，努力拓展市民化资金来源渠道，还需要构建包括中央政府、地方政府、企业和个人在内的多元主体成本分担机制（殷一博，2014；韩俊，2014）。通过机制的设计和运行来促进农民工市民化成本分担，各主体相互配合与协调，从而实现各种资源的最优配置和充分利用。本书试图从政府（包括中央政府和地方政府）、企业和农民工个人三方面构建成本分担机制，探讨运转该机制应该处理好的各种关系，并研究所需要的制度创新和改革。

（一）农民工市民化成本分担机制设计

1. 农民工市民化成本分担机制设计目标

机制能否有效，一方面取决于它的设计是否合理，另一方面取决于各个主体是否积极参与，而各个主体的参与是基于通过这个机制可以实现自身利益的最大化。本书借鉴王晓红（2016）的研究，通过机制设计，主要实现以下两个目标。

第一，解决农民工市民化成本如何分担的问题，通过职责划分，明确现在各主体应该承担的成本数，对于以往不合理的承担职责进行重新调整，使现在的分担职责更适合农民工高流动性和户籍地与工作地不匹配性的现实。

第二，解决农民工市民化成本如何能分担得更好的问题，通过机制的运行，协调政府、企业和农民工等各参与方的利益，使政府能够足额分担自己应该承担的市民化成本，使企业也能够足额分担自己的市民化成本分担份额，使农民工个人也愿意足额付费，并通过一系列的措施及保障机制的有效运行，实现农民工市民化成本的足额分担，为农民工市民化进程扫清最大的障碍，促使农民工市民化顺利实现。

2. 农民工市民化成本分担机制设计原则

（1）农民工市民化成本分担机制构建应以中央政府为保障，以地方政府为主导，以企业为主体，以农民工个人为辅助（傅东平、李强、纪明，2014）

第一，构建中央政府兜底的成本分担机制。农民工市民化成本巨大，因地方政府财力有限，必须建立起中央政府兜底的成本分担机制。长期以来，中国中央政府和地方政府在事权和财权的划分上，表现为地方政府事权多，财权少，而中央政府财权多，事权少。根据财权事权相匹配原则，在构建市民化成本分担机制时，义务教育成本、社会保险投入以及保障性住房建设等公共成本应由中央财政兜底。在确定中央政府兜底时，可以在核算成本的基础上，合理确定中央政府分担的兜底成本比例，流入地地方各级政府分担大部分成本。

第二，构建以地方政府为主导的成本分担机制。农民工市民化虽然会给流入地政府带来巨大的财政压力，但同时也会为地方经济发展带来贡献（殷一博，2014）。因此，地方政府应成为农民工市民化成本的主要分担者。除中央政府承担的转移支付部分外，地方政府应分担由于人口规模扩大所产生的公共服务成本、社会保障成本、住房成本和就业成本。

第三，构建以企业为主体的成本分担机制。企业是为农民工提供就业岗位的主体，应该承担为农民工缴纳社会保障费用、技能培训费用等义务，由此带来的生产经营成本增加是企业所必须面对的，并不是企业额外承担的责任。各类企业应按照"同工同酬、同工同时、同工同权"的原则，在工资和福利待遇方面同等对待农民工和城市市民。事实上，对农民工市民化转型成本的分担是农民工所在企业自身持续发展的需要，更是企业社会道德责任的基本要求。

第四，构建农民工个人辅助的成本分担机制。市民化转型是农民工自身福利的改善与向上的流动，因此，农民工作为市民化转型的受益者，本身应承担市民化后福利改善的生活成本、社会保障成本、提高自身素质的培训成本和放弃务农的机会成本。面对巨大的市民化成本压力，应该把农民市民化与农村产权制度改革有机连接起来，让农民带资进城将是跨越市民化成本门槛的有效途径和必然选择（魏后凯，2013）。

（2）成本分担机制的建立应根据农民工市民化类型，体现农民工内部差别化的特点，针对不同农民工市民化类型建立起相应的分担机制

第一，应明确不同类型的农民工市民化人口内部存在差别化特点。根据向城镇转移的驱动力不同，农民工市民化群体可以分为主动市民化类型和被动市民化类型。主动市民化人口，是指那些户籍仍在农村，但自发或者自觉地从农村转移到城镇工作生活，或往返于农村与城镇之间的人群（王国霞、张慧，2016）。他们向城镇转移的驱动力主要来自于经济方面和社会方面，或追求较高的收入，或谋求就业机会，或向往城市的生活，或为了家庭团聚，或追求后代发展。这类人口又可分为在城镇基本定居和具有一定流动性的主动型市民化人口，不管是在城镇基本定居，还是具有一定的流动性，这类人群均享受不到城市的福利待遇。被动市民化人口，是指那些因外部力量迫使

被动地由农村转移到城镇居住生活的人口。这类转移人口也可分为两类，一类是在城市扩张中，被城镇建设用地包围的"城中村"居民；另一类是在城市化和工业化过程中，因承包地、宅基地被征用，或行政区划调整，或因农村自然条件恶劣、地质灾害严重，被动地从农村集中到城镇居住的人口。前者户籍仍为农村户籍，后者户籍则已转化为城镇户籍，但他们均享有城镇居民的待遇以及社会权利。在进行农民工市民化成本分担机制的设计时，应体现农民工内部差别化的特点，针对分担主体的意愿建立相应的分担机制。

第二，应针对两种市民化类型人群的成本分担能力区别对待这两类市民化类型人群。①主动型市民化人口：在城镇基本定居的主动型市民化人口，城市融入程度比较高，有能力在城镇稳定就业和生活，这部分人群有能力解决自身市民化的一些成本问题。他们在城市就业和生活面临的主要问题是如何在城市落户。而那些在城市工作但大多数时间还是在农村居住的流动性的主动型市民化人口，尽管也已在城市中工作和生活，但他们的职业地位和生活水平却处于城市边缘和社会底层，他们在市民化过程中主要面临高成本、低收入问题，这部分人群由于工资缺乏保障、社会保障和福利待遇也相对较差，致使他们的市民化成本分担能力很低。这部分人口市民化成本分担机制应以解决户籍关系为重点，建立以政府为主体、个人为辅助的成本分担机制。②被动型市民化人口：被动型市民化人口在被动市民化的过程中，会得到政府及开发商给予的安置补偿费、征地补偿费等货币补偿收入，因而会积累一定的市民化资本，分担市民化成本的能力较强，他们市民化之后所面临的主要问题是失地之后的再就业与生活保障问题。这部分人口的市民化成本分担机制的建立应以推进再就业为重点，为此要建立以企业为主体、政府为辅助的成本分担机制。

3. 农民工市民化成本分担机制总体框架

农民工市民化转型成本主要由中央政府、地方政府、农民工所在企业及农民工自身四方承担，因此，只有构建政府（包括中央政府、地方政府）、企业和农民工个人"三位一体"的多主体分担机制，各司其职，形成合力，才能充分解决好农民工市民化成本问题。当然在农民工市民化过程中，也不排除一些社会民间组织机构出于公益的想法而帮助农民工分担部分市民化成本。根据本书对农民工市民化成本构成的分析，农民工市民化成本主要包括就业扶持成本、社会保障成本、保障性住房投入成本、公共服务管理成本、公共教育成本、基础设施投资成本、技能培训成本、工资歧视成本等公共成本（含企业成本）以及住房成本、生活成本、迁移成本、机会成本、城市融入成本和失业风险等个人成本。

根据农民工市民化转型成本构成，构建如图4-1所示的农民工市民化成本分担制度。

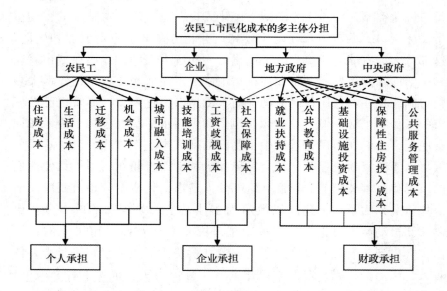

图4-1　农民工市民化成本分担制度

（二）农民工市民化成本分担主体责任划分

中国城镇化正处于快速推进阶段，预计到2030年中国城镇化率将达到68%左右，这表明仍将有超过2亿的农村人口要转移到城镇就业，再加上原有存量，到2030年需要实现市民化的农业转移人口规模将达到近4亿。当前，中央已经明确提出到2020年实现全面建成小康社会的目标，争取基本实现基本公共服务均等化（张欣炜、宁越敏，2018）。面对较高的市民化社会总成本，农民工个人、企业或政府任何一方均无力承担，必须构建由政府（包括中央政府和地方政府）、企业和农民工个人"三位一体"的成本分担机制，以政府分担为主，企业和个人分担为辅。

1. 政府在市民化成本分担中的责任

（1）中央政府的职责

鉴于长期以来中国中央政府财权多，事权少，权利和责任不匹配的财政体制，要顺利推进农民工市民化，中央政府应分担农民工市民化成本中支出压力较大、外部性较强的领域，主要包括解决农民工在城市生活工作的公共服务需求，保障农民工基本生活，解决好农民工社会保障的接续成本。此外，中央政府还应对社会保障成本、就业扶持成本、义务教育成本、公共服务成本和保障性住房建设等公共成本进行兜底，通过核算，合理确定农民工的人均社会保险成本、就业扶持成本、子女教育成本、公共基础设施投资成本和保障房建设成本等。调整中央和地方的支出比例，按农民工市民化的数量确定转移支付额度，促进地方政府财力和事权匹配，同时根据地区发展水平的差异，构建差异化的中央政府成本分担机制。

（2）地方政府的职责

农民工长期服务城市经济发展，是推动城市发展的贡献者，促进了当地经济社会发展，因此，地方政府应成为农民工市民化成本的主要分担者。除中央政府承担部分成本外，地方政府应分担由农民工规模扩大所产生的公共服务成本、社会保障成本、住房成本和就业扶持成本。不同级别的地方政府，在成本分担机制中应分担不同类型的成本。

省级政府应主要分担涉及农民工跨省区、跨市县转移的市民化成本，以及影响全省区范围、在市县之间有一定外部性的基础设施建设和公共服务成本。通过财政转移支付，分担部分流入地市民化的基本公共服务、社会保障和保障房建设成本。

市县政府则应担负起农民工就地转移到城市的市民化成本、上级政府未能分担的跨区域转移农民工市民化成本。市县政府还应积极推进城乡社会保障一体化、城乡公共服务均等化，以缩小城乡差距，缓解短期内转移大量农民工的压力，加速推进市民化进程。同时，还应建立同级地方政府之间的成本协同分担机制。对省区内的跨区域农民工市民化成本，推行流出地和流入地协同分担的机制，为解决好农民工社会保障的接续问题所需政府投入资金应由流出地地方政府分担。农民工的保障房建设资金，可通过体制机制创新，由流入地和流出地政府共同分担，有序推动市民化进程。具体而言，主要有以下四个方面：一是制定农民工市民化具体方案和实施细则。二是承担城镇建设与维护的成本。应对城镇人口的日益增长，新建、扩建城市基础设施和公共服务设施，承担相应的建设、维护和管理成本，提高城市人口吸纳和承载能力。三是承担提供基本公共服务的成本，包括就业扶持、权益维护、子女义务教育、计划生育、公共卫生、社会救助、保障性住房等方面的投入，为农民工市民化提供均等化的基本公共服务。四是地方政府分担的成本中，基础设施建设、公共服务和基本权益保障等成本所占份额大，资金缺口大，要创新制度，建立多元化可持续的资金保障机制。

2. 企业在市民化成本分担中的责任

企业是吸纳农业转移人口就业的载体，也应为市民化的推进承担相应的责任，在成本分担体制中具有主体地位。除了按时按量支付工资、进行职业技能培训以及提供必要的居住条件外，企业还要分担农民工市民化的社会保障费用。主要包括以下内容：一是认真落实"同工同酬、同工同时、同工同权"，在工资和福利方面坚持同等待遇，并建立工资增长机制，按时支付工资；二是严格按照国家法律规定，为农民工办理"五险一金"，及时足额缴纳相关保险费用，不断提高农民工参与城镇职工社会保险的比例；三是加强农民工的人力资本投资，注重农民工的职业技能培训与素质提升，并给予农民工必要的交流与晋升机会；四是改善农民工住房条件，集中建设职工宿舍或发放住房补贴，缓解政府提供住房保障方面的压力；五是加强劳动保护，改善工作环境，落实劳动保护条件和职业病防治措施，保障安全生产和农民工人身安全；六是加强企业文化建设，开展各种文化活动，丰富农民工业余生活，使其身心愉悦地融入城市。

3. 个人在市民化成本分担中的责任

农民工是市民化过程中的最大受益者，尽管财力比较薄弱，也需要承担必要的成本，在成本分担机制中居于辅助地位，应负责承担个人的城市住房成本、生活成本、迁移成本、机会成本、城市融入成本等。主要负责解决自身在城市生活的日常开支成本，即在城市生活的人均水、电、气、交通、通信、食物开支等方面的成本，以及社会保障中需要个人承担的支出和融入城市需要的自身发展成本。同时，农民工要加快转变观念，在保障自身在农村土地权益的前提下，积极盘活农村资产，参与政府对城市安居成本和社会保障成本分担，尽可能减轻政府压力。

（三）农民工市民化成本分担机制的制度保障

1. 改革农村产权制度，提高农民工的成本分担能力

土地承包权和宅基地使用权是法律赋予农民工的合法权利，对土地的承包经营、宅基地上建造的房屋是农民工持有的核心资产，是提高他们成本分担能力的主要着力点。长期以来，受法律法规的限制，农民工在农村持有的资产变现能力差，变现损失大，导致他们融入城市的能力下降。应尽快完成农村土地确权登记工作，在此基础上，建立城乡统一的土地市场，推动农村集体建设用地直接上市交易，实行同权同价。尽快放开宅基地上的房屋交易及土地承包权的转让、入股、合作和抵押融资，积极推动农村土地流转制度，减少农民的迁移成本，提高农民工的资产变现能力，推动保值增值，提高农民工个人分担成本的能力和份额，减小政府的分担压力（傅东平、李强、纪明，2014）。

2. 建立财政转移支付同农民工市民化挂钩的机制，提高地方政府提供基本公共服务的能力

中央政府一定量的转移支付可以激励地方政府等其他主体分担市民化成本的积极性，因此，在现有中央和地方财政关系格局下，要考虑吸纳农民工市民化带来的增支因素，探索按市民化人数（吸纳农民工落户人数）来分配转移支付，建立财政转移支付同农民工市民化挂钩的机制。地方政府及其各城镇吸纳农民工落户的人数越多，提供的基本公共服务越多，中央政府分配给它的转移支付就越多，地方政府及其各城镇吸纳的农民工越少，提供的基本公共服务越少，中央政府

分配给它的转移支付就越少，如果不吸纳，转移支付就不增长。同时，采用增量调整、奖补并用的方式进行，从中央对地方转移支付的增加额中，将一定比例转移于农民工集中流入并市民化的地区，专项用于公共服务支出，并在此基础上对成绩突出的城市给予一定的奖励。加大对吸纳农民工市民化较多地区的财政补助和支持力度，以提高它们提供基本公共服务的能力。

3. 深化财税体制改革，提高地方政府的成本分担能力

地方政府成本分担能力提高的关键就是进行财税体制改革，为地方政府提供可靠的税收来源。自我国分税制改革以来，各级地方政府财权越来越小，事权越来越多，导致地方政府的资金缺口越来越大。为解决资金问题，地方政府都靠卖地，依靠土地财政来支撑城市建设和地方经济发展。但土地是有限的，卖地收入并不能完全弥补资金缺口，地方政府又建立了数目众多的融资平台，通过融资平台向银行借款或发行债券筹集资金，不仅筹资成本高，而且债务风险大，难以为继，地方政府不可能依靠现有方式筹集农业转移人口市民化的分担成本。因此，必须从收入来源和支出责任两方面改革财税体制，让地方政府减少支出责任，增加税收来源，建立起事权和财权相一致的财税体制，为地方政府分担市民化成本提供可靠保证。

4. 建立城乡一体化的社会保障制度，降低农民工市民化成本

农民工市民化过程中，社会保险也随着农民由农村转向城市，解决保险的接续问题是一大难题。应尽快出台社会保险的城乡转移和跨地区转移办法，解决农民工从农村低水平的养老保险转移到城市养老保险的接续问题，明确接续费用的分担方式。整合职工养老保险、新型农村社会养老保险、老年社会保障制度等，把公务员和事业单位人员纳入统一的社会保障体系，真正建立起城乡一体化的社会保障制度。尽快改革制度起步晚、保障水平低、推行不广泛等农村社会保障问题，建立起在全国范围内缴费标准统一、保障标准统一的社会保障制度。要通过立法规定财政收入划拨社保资金的比例，通过注资和提高资金管理水平，增强城市社保体系吸纳农民工人口的能力，提高社保资金的管理水平，实现保值增值。

5. 建立社会资本参与的成本分担机制，激发社会资本参与成本分担的积极性

农民工市民化的巨大成本仅仅依靠有限的政府财力是有压力的，这就要求政府必须创新融资方式，吸引社会资本分担农民工的市民化成本。政府分担的市民化成本，大多数表现为增加城市基础设施建设投入和公共服务规模。要吸引社会资本参与，必须扩大对社会资本的开放领域，实行统一透明的准入制度，扫清社会资本参与的障碍。与此同时，创新投资方式，构建合理的盈利模式，为社会资本参与提供稳定合理的回报，满足社会资本的逐利性要求，提高社会资本参与的积极性，提高全社会分担成本的能力（傅东平、李强、纪明，2014）。

6. 建立监管机制，将农民工市民化纳入各级政府的绩效考核

每一个农民工的流入为当地经济发展创造的财富都会多于城镇对他们的公共财政支出。所以他们的加入并不是我们政府的财政负担，而是很好的人力资本。政府应该把解决多少农民工市民化和为本地区常住人口提供了多少公共服务水平作为各级政府绩效考核的一部分，并量化为各个指标，进行定期考核，将原来单纯追求经济增长转移到经济和民生并重，对农民工市民化解决得好的地方或城镇政府给予一定的奖励；对尽自己最大所能来解决农民工市民化，而受制于本地政府财力没有解决得很好的地方和城镇政府，中央应给予一定的扶持和帮助；对那些不愿意承担市民化成本，不为农民工提供平等福利待遇以及不吸纳农民工转户进城的地方和城镇政府，给予一定的惩罚，在资金和土地使用方面给予一定的限制。对于努力提高包括农民工在内的本地常住居民的基本公共服务水平，注重民生福祉的地方或城镇执政者，给予一定的奖励和升迁机会，对不积极解决农民工市民化问题，或者干脆就不作为的执政者不予升迁，扣发一部分绩效工资或者降职使用，以此来激发他们关注农民工，关注民生。我们要把农民工市民化作为我们政府必须完成的一项工作，通过对市民化成本进行合理的分担，让农民工可以享受到完整的公共服务和社会权利，成为真正的市民。

第五章 职业教育与农民工市民化关系研究

新型城镇化建设和供给侧结构改革对教育结构所决定的人力资本供给结构提出了新的需求，对劳动力的职业素质提出了更高要求，对农民工市民化能力提出了更高的素质要求。这就需要通过改革，来促进农民工的人力资本、综合素质、市民化能力等要素升级。已有研究（谢桂华，2012；沈映春等，2013；刘万霞，2013；刘松林等，2014）表明，教育在很大程度上影响着农民工的个体素质，影响着农民工的市民化能力，进而影响着农民工市民化的进程。但对于教育类型和教育层次是否影响农民工的市民化进程，如何影响农民工的市民化进程，学术界还没有相关研究。基于此，本章进一步考察不同教育类型和不同教育层次农民工的市民化程度，分析不同的教育结构对农民工市民化的推动作用。

一 职业教育与农民工市民化关系的实证研究

本部分以第三章构建农民工市民化程度测评指标体系为基础，利用来自山东管理学院农民工课题组于 2014 年 8 月 3—23 日实施的"农民工市民化与职业教育"调查数据，研究教育对农民工市民化的作用。分别从文化融合、经济地位、社会适应和心理认同等方面全面地考察不同教育结构对农民工市民化的影响。这次调查主要采用问卷调查的形式，为了保证样本的多样性、均衡性和代表性，调查采用网络调查（问卷星网站）和实地调查（济南市典型农民工聚集行业：服务性行业、建筑行业和制造业等）同时进行的方式。网络调查对象不仅包括受雇就业的工人和职员等，也包括自雇就业的农民工，失业或正在找工作的农民工。实地调查则试图全面覆盖农民工所在的典型行业，并保证男性和女性具有相对均匀的分布。实地调查在 5 个单位进行，包括 1 个建筑工地、1 个大酒店（提供住宿和餐饮服务）、1 个纺织公司、1 个钢铁厂和 1 个家政服务公司。本次调查总计获得 6150 个样本，实地调查共发放问卷 3000 份，收回问卷 2575 份，有效问卷 2405 份。问卷回收率为 85.8%，问卷有效率为 80.2%；网络调查共回收 4500 份问卷，有效问卷 3575 份，问卷有效率为 79.4%。

（一）样本基本情况

在本次农民工的调查中，接受调查的对象为 16 周岁以上非本地城市户籍（户籍改革以前属于农业户口），有非农工作经历 6 个月以上的城市务工人员。其中，男性为 3720 人，占比 60.49%，女性为 2430 人，占比 39.51%（见图 5 - 1）。

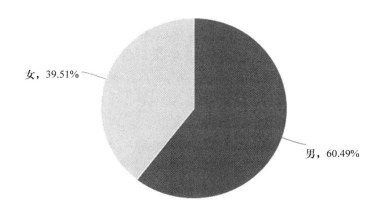

图 5 - 1 调查对象性别构成

"60 后"人数为 860 人，占比 13.98%，"70 后"人数为 1410 人，占比 22.93%，"80 后"人数为 1910 人，占比 31.06%，"90 后"人数为 1970 人，占比 32.03%（见图 5 - 2），整个样本中 16—35 岁的农民工的比例超过 60%，这与 2014 年中国农民工的年龄分布情况基本一致。

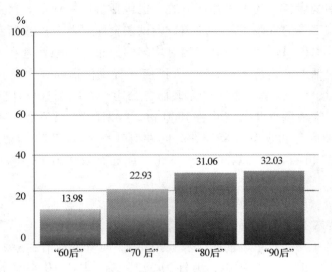

图 5-2 调查对象年龄结构

来自制造业的有 1790 人，占比 29.11%，来自建筑业的有 1640 人，占比 26.67%，来自批发和零售业的有 500 人，占比 8.13%，来自住宿和餐饮业的有 1150 人，占比 18.70%，来自家政与保安服务业的有 350 人，占比 5.69%，其他行业的有 720 人，占比 11.70%（见图 5-3）。

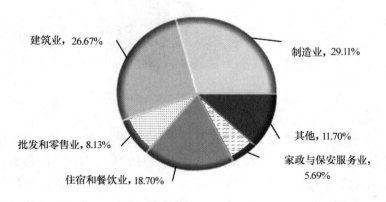

图 5-3 调查对象行业分布

受教育程度小学及以下 490 人，普通初中 1500 人，普通高中 1020 人，技校/中专/职业高中 1190 人，大专/高职 1280 人，本科及以上 670 人，具体学历分布如图 5-4 所示。

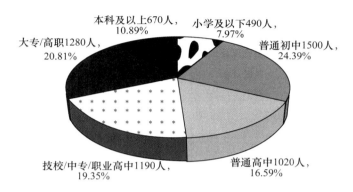

图 5-4　调查对象学历结构

（二）调查结果分析

为考察不同层次教育程度对农民工市民化的影响，我们将所有样本按照教育程度分为 6 组：小学及以下组、普通初中组、普通高中组、技校/中专/职业高中组、大专/高职组和本科及以上组。然后，根据调查问卷所得数据（见表 5-1），按照第三章的指标体系权重系

表 5-1　　　　不同教育层次三级指标每组样本平均得分

指标	小学及以下	普通初中	普通高中	技校/中专/职业高中	大专/高职	本科及以上
语言	0.2653	0.4067	0.5245	0.5294	0.5898	0.7910
外表	0.0510	0.2267	0.4167	0.4252	0.6484	0.8209
风俗习惯	0.1995	0.2517	0.3216	0.36355	0.4151	0.5135
饮食习惯	0.2449	0.3540	0.3137	0.3529	0.3926	0.4851
大众传媒	0.1327	0.2017	0.6716	0.6891	0.7695	0.8806
妇女地位	0.2857	0.4467	0.3922	0.4874	0.5762	0.7090
个人效能	0.3367	0.3667	0.6471	0.6261	0.6289	0.6642
计划性	0.1531	0.5900	0.6373	0.4832	0.6328	0.8806
时间观念	0.1429	0.3600	0.6716	0.5798	0.6914	0.7761

指标	小学及以下	普通初中	普通高中	技校/中专/职业高中	大专/高职	本科及以上
收入水平	0.3724	0.2800	0.5735	0.6029	0.7363	0.8993
工资发放	0.6571	0.5633	0.6510	0.8496	0.8555	0.9179
房产情况	0.4235	0.5221	0.651	0.6555	0.7207	0.8358
居住环境	0.3520	0.4559	0.5283	0.5630	0.7188	0.7276
居住条件	0.1684	0.3897	0.4567	0.4517	0.7500	0.7799
求职方式	0.0459	0.2083	0.38	0.5420	0.6543	0.7276
每周工作天数	0.1582	0.1450	0.4706	0.5525	0.7656	0.8209
每天工作小时数	0.2602	0.2017	0.3456	0.4853	0.6367	0.7090
劳动合同	0.1429	0.3250	0.5784	0.7143	0.8672	0.9254
保险和公积金缴纳情况	0.0816	0.4100	0.3039	0.5777	0.8223	0.8881
朋友圈	0.3776	0.1667	0.4216	0.5042	0.6953	0.8134
与本地居民交往情况	0.3265	0.3800	0.6078	0.6197	0.7773	0.8582
业余生活安排	0.1930	0.4183	0.4235	0.5697	0.5383	0.5573
单位活动安排	0.0592	0.3632	0.2971	0.4092	0.6445	0.7478
社区活动	0.0469	0.1600	0.3765	0.4882	0.6633	0.6881
身份观念	0.0612	0.1013	0.1657	0.4580	0.6711	0.7313
留城意愿	0.4184	0.4613	0.4583	0.6933	0.7695	0.8097
城里人怎么看待农民工	0.1837	0.5933	0.5196	0.6471	0.7500	0.7910
愿不愿意和城里人交朋友	0.2533	0.4286	0.7059	0.7479	0.8711	0.9104

数（见表 3 – 27），计算每组样本的市民化度平均得分。我们设市民化度为因变量，用字母 Y 表示，每组三级指标的平均分为自变量，用字母 x 表示，w_i 表示每个指标的权重，则每组市民化度 $Y = \sum_{i=1}^{n} w_i x_i$，$i = 1, 2, \cdots, n, n = 28$，计算结果如表 5 – 2 所示。

表 5 - 2　　　　不同教育层次市民化程度测度每组样本平均得分

类型	小学及以下	普通初中	普通高中	技校/中专/职业高中	大专/高职	本科及以上
市民化程度综合指数 $Y = \sum_{i=1}^{n} w_i x_i$	0.17032456	0.277736	0.376838	0.540042	0.701505	0.764933
排序	6	5	4	3	2	1

　　结果显示，大专/高职组和本科组的得分明显高于小学组、初中组、高中组和技校/中专/职业高中组，本科组高于专科/高职组，专科/高职组高于高中组和技校/中专/职业高中组，技校/中专/职业高中组高于初中组和小学组，高中组也高于初中和小学组，初中组高于小学组，农民工的受教育层次越高，其市民化程度也越高。研究假设教育对农民工的市民化程度有正面影响，不同层次的教育对农民工市民化程度的影响不同，得到验证。同时，我们也注意到，技校/中专/职业高中组高于高中组，这说明职业教育的投入产出效率要比普通教育高。

　　1. 一级指标分析

　　为进一步考察教育程度与市民化评价指标中各分项指标的关系，我们按照分项指标数据（见表 3 - 28）计算了 6 个样本组在文化融合、经济地位、社会适应及心理认同 4 个一级指标上的市民化程度得分，具体如表 5 - 3 所示。

表 5 - 3　　　　不同教育层次的市民化程度每组样本一级指标平均得分

	小学及以下	普通初中	普通高中	技校/中专/职业高中	大专/高职	本科及以上
文化融合	0.2358327	0.38443058	0.57408562	0.54649164	0.61222048	0.72726222
经济地位	0.26420942	0.4056331	0.49885384	0.60028559	0.7474522	0.82726238
社会适应	0.16202934	0.27294411	0.42226149	0.51191519	0.67669703	0.73872747
心理认同	0.15782619	0.21370960	0.29413114	0.53727961	0.71211262	0.76563542

　　其他 5 组得分与小学及以下组得分的比值如表 5 - 4 所示。

表5-4　　　各组样本市民化程度得分与小学及以下组样本得分比值

	普通初中	普通高中	技校/中专/职业高中	大专/高职	本科及以上
文化融合	1.63009871	2.434291852	2.317285262	2.595994873	3.083805681
经济地位	1.53527115	1.888100129	2.272006766	2.829014196	3.131085864
社会适应	1.684535097	2.606080417	3.159398107	4.176385771	4.559220386
心理认同	1.354081981	1.863639615	3.40424875	4.51200539	4.851130348

其他5组得分与普通初中组得分的比值如表5-5所示。

表5-5　　　各组样本市民化程度得分与普通初中组样本得分比值

	小学及以下	普通高中	技校/中专/职业高中	大专/高职	本科及以上
文化融合	0.613459783	1.49334015	1.421561313	1.59253845	1.891790762
经济地位	0.65135074	1.229815417	1.479873289	1.842680491	2.039435095
社会适应	0.593635598	1.547062107	1.875531185	2.479251265	2.706515521
心理认同	0.738507723	1.376312248	2.514063992	3.332150825	3.582597225

其他5组得分与普通高中组得分的比值如表5-6所示。

表5-6　　　各组样本市民化程度得分与普通高中组样本得分比值

	小学及以下	普通初中	技校/中专/职业高中	大专/高职	本科及以上
文化融合	0.410797086	0.6696398	0.951934034	1.06642713	1.266818389
经济地位	0.529632928	0.813130155	1.203329597	1.498339073	1.658326174
社会适应	0.383718013	0.646386461	1.212317964	1.60255445	1.749454988
心理认同	0.53658443	0.726579307	1.826666874	2.421071839	2.603041011

各组经济地位、社会适应、心理认同得分与文化融合得分的比值如表5-7所示。

表 5 - 7　　经济地位、社会适应、心理认同得分与文化融合得分的比值

	小学及以下	普通初中	普通高中	技校/中专/ 职业高中	大专/高职	本科及以上
经济地位	1.120326	1.055153	0.868954	1.098435	1.220887	1.137502
社会适应	0.687052	0.709996	0.735537	0.93673	1.105316	1.015765
心理认同	0.669229	0.555912	0.512347	0.983143	1.163164	1.052764

　　结果显示：第一，教育程度对文化融合、经济地位、社会适应及心理认同都有影响。教育程度越高，正面影响越大。教育程度越高对心理认同的作用最大，对社会适应、经济地位与文化融合的影响次之，技校/中专/职业高中组与本科和大专/高职组结果保持一致；教育程度相差不大时，教育程度对社会适应的作用最大，其次是文化融合、经济地位和心理认同。

　　第二，虽然技校/中专/职业高中组总体得分高于普通高中组，但在文化融合上绝对得分与相对比值都低于普通高中组，并且技校/中专/职业高中组在 4 个一级指标上得分相对最高的是经济地位，这说明职业教育因为提高了农民工的职业技能，从而提高了其经济地位，但也反映出职业教育在对农民工文化素质的塑造上还很不足。

　　第三，技校/中专/职业高中组同大专/高职组相比，在文化融合、经济地位、社会适应及心理认同上都明显低于大专/高职组，这说明即使同样都是职业技能教育，教育程度越高，市民化度也越大。

　　第四，大专/高职组和本科组相比普通高中组来说，本科组的比值要比大专/高职组高，但两者相差并不是很大，这说明本科教育尽管比大专/高职教育对农民工的市民化贡献更大，但本科教育是 4 年教育，而大专/高职是 3 年教育，在教育产出上来说，两者不相上下，并且本科教育对农民工来说并不容易。

　　2. 二级、三级指标分析

　　为获得更全面的结果，本书又比较了 6 个样本组在二级指标和三级指标上的得分情况。

（1）文化融合

在地域文化指标（见表5-8）上，随文化程度的提高，融入度也越高，而在现代文化这一指标上，技校/中专/职业高中组比普通高中组得分低，随文化程度的提高，总体融入度也越高。这说明，技校/中专/职业高中组因文化素质和思想境界较低，在适应现代文明上还不够好。继续分析三级指标得分，表5-9中数据显示：在语言、外表、风俗习惯和饮食习惯的接受程度上，本科组、大专/高职组、技校/中专/职业高中组与普通高中组远高于小学组和普通初中组，这说明教育程度越高，思想就越开放，对新事物的接受能力就更强，这也说明普通高中、中专/技校/职业高中及大专/高职教育对学生的整体素质提升有正面作用。但我们也注意到，在个人效能、计划性和时间观念上，技校/中专/职业高中组明显低于普通高中组，这说明技校/中专/职业高中组的思想境界和文化素质教育还不够。

表5-8 　　　　　　　　　　文化融合程度（二级指标）

	小学及以下	普通初中	普通高中	技校/中专/职业高中	大专/高职	本科及以上
地域文化	0.21164638	0.30344012	0.36139634	0.39378458	0.45656762	0.57660954
现代文化	0.24187978	0.40467819	0.62725794	0.58466841	0.65113369	0.76492539

表5-9 　　　　　　　　　　文化融合程度（三级指标）

指标		小学及以下	普通初中	普通高中	技校/中专/职业高中	大专/高职	本科及以上
地域文化	语言	0.2653	0.4067	0.5245	0.5294	0.5898	0.7910
	外表	0.0510	0.2267	0.4167	0.4252	0.6484	0.8209
	风俗习惯	0.1995	0.2517	0.3216	0.36355	0.4151	0.5135
	饮食习惯	0.2449	0.3540	0.3137	0.3529	0.3926	0.4851

续表

指标		小学及以下	普通初中	普通高中	技校/中专/职业高中	大专/高职	本科及以上
现代文化	大众传媒	0.1327	0.2017	0.6716	0.6891	0.7695	0.8806
	妇女地位	0.2857	0.4467	0.3922	0.4874	0.5762	0.7090
	个人效能	0.3367	0.3667	0.6471	0.6261	0.6289	0.6642
	计划性	0.1531	0.5900	0.6373	0.4832	0.6328	0.8806
	时间观念	0.1429	0.3600	0.6716	0.5798	0.6914	0.7761

（2）经济地位

在经济地位的二级指标上（见表5－10），数据显示教育对农民工的经济地位影响显著，受教育程度越高，收入、居住、就业和社会保障方面越好。但我们也注意到普通高中组在这4项指标上的得分，均低于技校/中专/职业高中组，除居住情况相差不大之外，收入、就业和社会保障均远远被技校/中专/职业高中组超过。这说明职业教育因提高了农民工的职业技能，提高了他们的就业能力和经济收入。我们还发现普通初中组在收入情况上低于小学组，这是因为初中组在职业选择上比小学组并没多大优势，但在薪资的期待上却比小学组高，不像小学组那样更容易满足现状。我们继续分析三级指标（见表5－11）数据，在收入水平、工资发放、求职方式、工作时间、劳动合同的签订和保险、公积金的缴纳上，技校/中专/职业高中组明显高于小学、普通初中和普通高中组，说明职业教育可以提高农民工的就业能力，进而提高他们的经济收入和社会保障，并且技校/中专/职业高中组所从事的工作大多为技术含量高的工作，较少卖苦力。当然，大专/高职组和本科组在各三级指标上的得分都远远高于技校/中专/职业高中组，这说明教育能拓宽农民工的眼界，使他们懂得寻求外部信息的重要性，并提升了他们的就业能力及综合素质，更容易适应现代城市生活。

表 5 – 10 经济地位（二级指标）

指标	小学及以下	普通初中	普通高中	技校/中专/职业高中	大专/高职	本科及以上
收入情况	0.42934000	0.33666000	0.58900000	0.65224000	0.76014000	0.90302000
居住情况	0.38106390	0.49277340	0.60154950	0.61271770	0.72303590	0.80327540
就业情况	0.11122000	0.19432000	0.39124000	0.53276000	0.67304000	0.74254000
社会保障	0.09181871	0.34965915	0.39583050	0.60047122	0.82978483	0.89431791

表 5 – 11 经济地位（三级指标）

指标		小学及以下	普通初中	普通高中	技校/中专/职业高中	大专/高职	本科及以上
收入情况	收入水平	0.3724	0.2800	0.5735	0.6029	0.7363	0.8993
	工资发放	0.6571	0.5633	0.6510	0.8496	0.8555	0.9179
居住情况	房产情况	0.4235	0.5221	0.651	0.6555	0.7207	0.8358
	居住环境	0.3520	0.4559	0.5283	0.5630	0.7188	0.7276
	居住条件	0.1684	0.3897	0.4567	0.4517	0.7500	0.7799
就业情况	求职方式	0.0459	0.2083	0.38	0.5420	0.6543	0.7276
	每周工作天数	0.1582	0.1450	0.4706	0.5525	0.7656	0.8209
	每天工作小时数	0.2602	0.2017	0.3456	0.4853	0.6367	0.7090
社会保障	劳动合同	0.1429	0.3250	0.5784	0.7143	0.8672	0.9254
	保险和公积金缴纳情况	0.0816	0.3039	0.4100	0.5777	0.8223	0.8881

（3）社会适应

在人际交往和业余时间安排指标上，受教育程度越高，得分越高（见表 5 – 12）。这说明教育水平越高越容易接受城市先进的理念，有更强的沟通能力，也就更容易结交到更多的城市居民朋友，也更容易适应现代城市生活，进而增加了其融入城市社会的可能性。这在三级指标的得分上（见表 5 – 13）也得到了很好的证明。当然，我们也注意到了技校/中专/职业高中组相比普通高中组在各三级指标得分上的优势，这说明职业教育不仅通过提升农民工的经济收入进而影响农民工的市民化，也可以通过影响农民工个体的素质以及观念直接影响农民工的市民化。

表 5 - 12 社会适应（二级指标）

	小学及以下	普通初中	普通高中	技校/中专/职业高中	大专/高职	本科及以上
人际交往	0.30890711	0.34353163	0.54573954	0.58120385	0.74996940	0.84326816
业余时间安排	0.07129180	0.25496531	0.36053172	0.47727605	0.64006634	0.68646497

表 5 - 13 社会适应（三级指标）

指标		小学及以下	普通初中	普通高中	技校/中专/职业高中	大专/高职	本科及以上
人际交往	朋友圈	0.1667	0.3776	0.4216	0.5042	0.6953	0.8134
	与本地居民交往情况	0.3265	0.3800	0.6078	0.6197	0.7773	0.8582
业余时间安排	业余生活安排	0.1930	0.4183	0.4235	0.5697	0.5383	0.5573
	单位活动安排	0.0592	0.3632	0.2971	0.4092	0.6445	0.7478
	社区活动	0.0469	0.1600	0.3765	0.4882	0.6633	0.6881

（4）心理认同

在身份认同上，小学组、初中组、高中组和技校/中专/职业高中组的认同度均低于50%，认同度很低，而社会距离指标的得分就明显高于身份认同得分。我们继而分析三级指标得分发现，小学组、初中组、高中组和技校/中专/职业高中组在身份认同上得分低是受其身份观念所影响。他们大多在身份观念上没有融入城市社会，认为自己仍旧为农民，但他们的留城意愿却很高。也就是说教育对身份观念的融入存在显著影响，而对留城意愿影响不显著，大多数农民工进城务工之后，都有留在城市的强烈愿望，受教育程度高的农民工则因为其在经济收入等客观条件方面比受教育程度低者更有优势，所以他们的主观留城意愿也更强烈。在城里人怎么看待农民工和愿不愿意和城里人交朋友这两个指标上，受教育程度越高得分越高，这说明高教育水平的农民工因为整体素质比较高，所以城里居民也更愿意与其交流，与受教育水平低的农民工相比，更容易受到城里人的尊重，更容易与周围城里人沟通交流，易于被城市社会所接受。技校/中专/职业高中组得分依旧高于普通高中组，则说明职业教育还能通过提高农民工的身份认同和社会距离的融入来提高农民工的心理认同。

表 5 – 14　　　　　　　　心理认同（二级指标）

	小学及以下	普通初中	普通高中	技校/中专/职业高中	大专/高职	本科及以上
身份认同	0.12074524	0.16131200	0.21447642	0.49722451	0.68750328	0.74436928
社会距离	0.30615000	0.42330000	0.61275000	0.69750000	0.81055000	0.85070000

表 5 – 15　　　　　　　　心理认同（三级指标）

指标		小学及以下	普通初中	普通高中	技校/中专/职业高中	大专/高职	本科及以上
身份认同	身份观念	0.0612	0.1013	0.1657	0.4580	0.6711	0.7313
	留城意愿	0.4184	0.4613	0.4583	0.6933	0.7695	0.8097
社会距离	城里人怎么看待农民工	0.1837	0.5933	0.5196	0.6471	0.7500	0.7910
	愿不愿意和城里人交朋友	0.2533	0.4286	0.7059	0.7479	0.8711	0.9104

（三）研究结论

通过对"农民工市民化与职业教育"的网络调查和对典型农民工聚集行业的实地问卷调查，我们考察了不同教育层次的农民工在市民化程度上的差异，并具体分析了教育与文化融合、经济地位、社会适应及心理认同四个方面的关系。根据调查结果，本书得到的主要结论如下。

第一，在教育层次上，教育程度对农民工的市民化有显著的正向影响，教育程度越高的农民工其市民化程度也越高。从客观方面来说，教育因为提高了农民工的人力资本，从而提高了他们的就业能力并能获得更高的经济收入，为其在城市生活奠定了必要的经济基础，进而促进其市民化。高教育水平的农民工整体素质比较高，城里居民也更愿意与其交流，更容易受到城里人的尊重，更容易与周围城里人沟通交流，易于被城市社会所接受。主观上来说，教育程度的提高不仅提高了农民工的素质，更提高了他们的人生追求，因而在主观上会引导农民工留在城市来寻找实现人生理想的机会，愿意留在城市并努力融入城市社会。所以，教育不仅在客观上给农民工减少了融入城市的障碍，同时也在主观上促使其融入城市社会。

第二，在教育类别上，职业教育比普通教育更能提高农民工的市民化，在促进农民工市民化上效率最好的教育类型为职业教育。调研数据显示在同等学力层次和受教育年限一致的技校/中专/职业高中组比普通高中组的市民化程度得分更高，这说明职业教育比普通教育更能提高农民工的市民化，职业教育因为提高了农民工的职业技能，从而提高了他们的就业能力，并促进了其经济地位，进而提高了农民工的市民化，还通过影响农民工个体的素质以及观念直接提高了农民工的市民化。

第三，从市民化程度的定量比较上看，本科组和大专/高职组的市民化度得分比技校/中专/职业高中组高出很多，进一步考察教育与文化融合、经济地位、社会适应及心理认同的关系，发现技校/中专/职业高中组所受的教育已足以帮助农民工获得较高的经济收入和经济地位，但在其他三项上，技校/中专/职业高中组受教育的影响程度远不如本科和大专/高职组，并且在文化融合上还低于普通高中组。这说明技校/中专/职业高中教育可以使农民工获得融入城市社会所需的经济资本和人力资本，唯一欠缺的是文化素质和思想境界不够高。但从投入产出效率来看，技校/中专/职业高中教育只需在9年义务教育之后，再花费3年时间即可走上工作岗位，而普通高中教育不是职业导向，毕业后还需经过职业培训才能就业，而大专/高职教育和本科教育则要在完成高中之后，所以，技校/中专/职业高中教育的投入产出效率最高。

第四，比较高中后教育：本科和大专/高职教育，我们发现在市民化程度的得分上两者差异并不是很大，尽管本科教育在文化融合、经济地位、社会适应及心理认同上均略高于大专/高职教育，但在受教育年限上大专/高职教育是 3 年，而本科教育是 4 年，并且农民工一般通过普通高考来接受本科教育的途径并不是很容易，而通过自学考试或者成人高考来获得本科教育也要付出大量的精力和时间来备考。所以说从投入产出上来看，大专/高职教育比本科教育更经济有效。这就说明职业教育对促进农民工的市民化效果最好。

通过以上研究，在小学、普通初中、普通高中、技校/中专/职业高中、大专/高职和本科六组中，以技校/中专/职业高中为代表的职业技术教育对农民工市民化的促进最有效率，大专/高职教育比本科教育也更经济有效，因此我国在新型城镇化发展中，构建新型城镇化下农民工市民化的职业教育体系，大力发展职业技术教育，对开展农民工的市民化研究，促进农民工尽快融入城市社会来说尤为重要。

二 农民工职业教育现实问题

（一）农民工职业教育社会调查

为了解农民工的工作和培训情况，课题组采用"农民工职业教育与市民化"网上调研和实地调研两种方式进行了问卷调查研究，参加本次调研的农民工锁定为非本地城市户籍、农村居民户口（户籍改革之前属于农业户口）、16 周岁以上，有非农工作经历 6 个月以上的城市务工人员。

1. 调查对象的基本情况

（1）调查对象的性别结构

在本次调查中，接受调查的 6150 名农民工中，男性农民工 3720 人，占农民工总人数的 60.49%；女性农民工 2430 人，占农民工总人数的 39.51%，如表 5 - 16 所示。

表5-16 调查对象的性别构成

选项	人数	比例（％）
男性	3720	60.49
女性	2430	39.51
总人数	6150	

（2）调查对象的年龄分布

接受调查的6150名农民工中，53岁以上人数为860人，占农民工总人数的13.98％；43—53岁人数为1410人，占农民工总人数的22.93％；33—43岁人数为1910人，占农民工总人数的31.06％；16—33岁人数为1970人，占农民工总人数的32.03％；主要年龄段年龄为16—33岁，这个年龄段的总人数为3880人，占农民工总人数的63.09％。如表5-17所示。

表5-17 调查对象的年龄分布

选项	人数	比例（％）
"60后"	860	13.98
"70后"	1410	22.93
"80后"	1910	31.06
"90后"	1970	32.03
总人数	6150	

（3）调查对象的文化程度

参与本次调查的6150名农民工中，490人为小学及以下文化程度，1500人为普通初中文化程度，1020人为普通高中文化程度，1190人为技校（中专、职业高中）文化程度，1280人为大专（高职）文化程度，670人为本科及以上文化程度。如表5-18所示。

表5-18　　　　　　调查对象的文化程度（包括自考、成考）

选项	人数	比例（%）
小学及以下	490	7.97
普通初中	1500	24.39
普通高中	1020	16.59
技校/中专/职业高中	1190	19.35
大专/高职	1280	20.81
本科及以上	670	10.89
总人数	6150	

（4）调查对象的行业分布

接受调查的6150名农民工主要集中在制造业、建筑业、住宿和餐饮业、批发和零售业以及家政与保安服务业。其中，制造行业人数最多，为1790人，占农民工总人数的29.11%，其次为建筑业1640人，占农民工总人数的26.67%，其他行业主要为金融保险、物流运输、医药和教育培训行业（见表5-19）。

表5-19　　　　　　　　调查对象的行业分布

选项	人数	比例（%）
制造业	1790	29.11
建筑业	1640	26.67
批发和零售业	500	8.13
住宿和餐饮业	1150	18.7
家政与保安服务业	350	5.69
其他（请注明）	720	11.71
总人数	6150	

（5）调查对象的收入状况

被调查的6150名农民工的收入多集中在1800元以上，1200元以下是最低的月收入水平，340人，占总人数的5.53%，2900元以上是最高的月收入水平，1810人，占总人数的29.43%，如表5-20所示。但这个收入水平并不代表月均收入，因为如建筑行业农民工一年就工作

表 5 - 20　　　调查对象的工资水平（基本工资 + 奖金 + 加班费）

选项	人数	比例（%）
1200 元以下	340	5.53
1200—1800 元	980	15.93
1800—2200 元	1780	28.94
2200—2900 元	1240	20.16
2900 元以上	1810	29.43
总人数	6150	

5—7 个月。这可以从以下调查数据中反映出来，接受调查的 6150 名调查对象中，仅有 14.5% 的农民工表示收入能充分满足城市生活的需求，55.35% 的农民工则认为工资只能基本保证自己的生活，30.15% 的调查对象还需要父母的资助来维持生活（见图 5 - 5）。

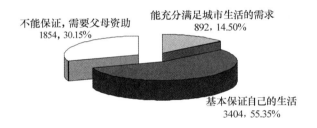

图 5 - 5　工资是否能维持生活

（6）调查对象的工作时间状况

在被调查的 6150 名农民工中，24% 的被调查对象每月没有休息时间，20% 的被调查对象平均每月休息 1 天，14% 的被调查对象平均每月休息两天，19% 的被调查对象平均每月休息 3 天，只有 23% 的被调查对象每月能保证 4 天的休息时间（见图 5 - 6）。而每天工作时间超过 8 小时的人数竟然能占到总人数的 84%，甚至有 600 人每天工作超过 12 小时，而每天工作在 8 小时以下的仅有 980 人，仅占总人数的 16%（见图 5 - 7）。长时间的加班工作严重影响了农民工的生活质量，使农民工没有足够的时间去参加教育培训。

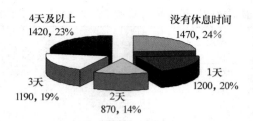

图 5 - 6　调查对象每月平均休息时间

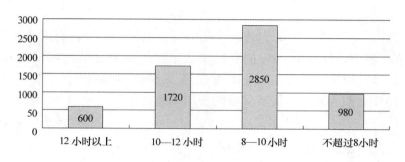

图 5 - 7　调查对象每天工作时间

2. 调查对象的教育培训状况

接受调查的 6150 名农民工中，59.02% 的农民工被调查对象表示没有职业资格证书，26.67% 的被调查对象表示有初级职业资格证书，14.31% 的被调查对象表示有中级职业资格证书（见图 5 - 8）。

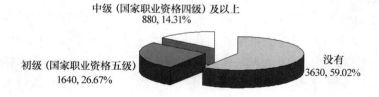

图 5 - 8　职业资格证书拥有情况

而在来城市就业前，有 83.41% 的被调查对象表示没有参加过任何家乡的政府或社会组织举办的职业培训（见图5－9）。在问及没有参加职业培训的原因时，50.49%的农民工表示根本不知道有这样的培训；10.33%的农民工表示听说过有类似培训，但不知道怎么报名；15.99%的农民工则表示感觉培训效果差，培训内容不是他们所需要的，所以就没参加（见图5－10）。参加过培训的农民工在问及您认为培训中存在的主要问题时，"培训内容不实用"选项占比60.41%；"不推荐就业"选项占比38.58%；"培训时间太短"选项占比35.53%；"实践操练不到位"选项占比34.52%；"培训时间地

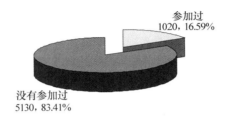

图5－9　参加职业培训情况

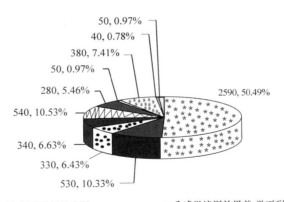

图5－10　没参加职业培训的原因

点安排不合理"选项占比 20.81%;"培训教师素质不高"选项占比 7.61%(见图 5-11)。

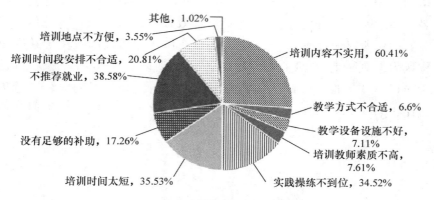

图 5-11 培训中的主要问题

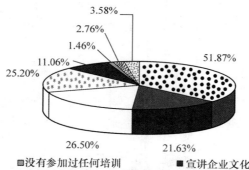

图 5-12 参加劳务单位组织的培训项目或课程情况

在被调查的 6150 名农民工中,有 51.87% 的农民工表示 3 年没有参加过务工单位组织的任何培训课程,26.50% 的农民工表示参加过为提高生产技术水平的技术培训,21.63% 的农民工表示参加过上岗前的一般性岗前培训,25.20% 的农民工表示参加过提高管理能力的管理类培训,11.06% 的农民工表示参加过宣讲企业文化的讲座(见

图5－12）。

3. 调查对象对教育培训的愿望

农民工进入城市社会，期望能够找到合适的工作，融入城市社会，但因自身学历低，又缺乏必要的专业技术或技能，没有正式的职业资格证书，制约着他们在城市社会中的发展，这也成为他们在求职过程中的最大障碍（见图5－13）。

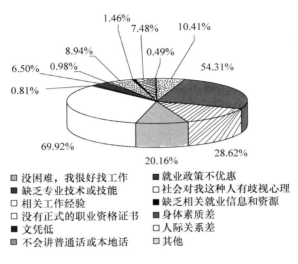

图5－13　农民工求职的最大困难

这种受挫经历让农民工认识到了接受职业教育培训的重要性，并对培训的方式及培训内容有了自己的期望。在接受调查的6150名农民工中，有48.45%的农民工表示未来有参加技能或学历学习的计划（见图5－14），对于学习方式，63.25%的农民工选择工作时边干边学，28.46%的农民工选择政府免费的技能培训，而只有180名农民工选择社会上交钱的培训，占总人数的2.93%（见图5－15）。

在对政府部门关于职业教育培训服务的作为上，接受调查的6150名农民工中，33.69%的农民工选择了希望政府提供免费的技能培训；21.36%的农民工选择了希望政府能够帮助子女在务工地上学；14.82%的农民工选择希望当职业技能达到一定级别时，政府要帮助

（人）

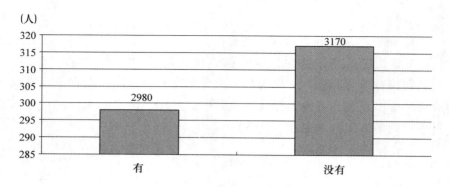

图 5-14　农民工未来培训计划

（人）

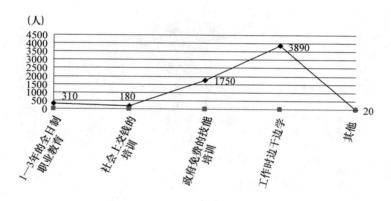

图 5-15　农民工职业培训方式

其在务工地落户；12.33% 的农民工选择期望政府能够做好就业信息服务；6% 的农民工希望政府能够监督企业定期为其培训；6% 的农民工希望政府能够开放城市的中等/高等职业教育（见图 5-16）。

4. 小结

课题组通过调查问卷对农民工的基本情况，教育培训状况和教育培训愿望进行了简要分析并对调查结果进行了数据分析处理。总体上看，目前农民工的文化水平普遍偏低，接受职业教育的比例也非常低。职业技能培训体系机制尚不健全，职业教育与培训监督制约机制不够完善，政府相关部门和社会相关组织，在农民工职业教育培训上还缺乏有效性和针对性，教育内容还不能满足农民工的实际需要，政府对农民工

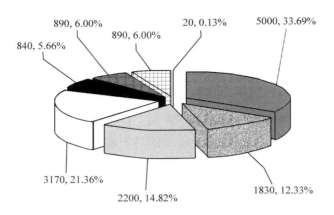

图 5 – 16　希望政府部门提供的职业教育培训服务

职业教育培训的资金投入不足，公益性的培训机构覆盖范围较小，职业教育政策宣传也不到位；企业为农民工提供的职业培训机会不足，培训形式单一，轻视对员工的素质教育；农民工不懂政策，缺乏信息渠道，对参加职业教育培训的认识还不到位，加之缺乏足够的资金和时间，参加职业教育培训的热情不高，但其在城市社会中就业困难的挫折经历，又让他们认识到了接受职业教育培训的重要性，并对培训的方式、内容以及政府部门应提供怎样的职业培训服务有了自己的期待。上述调查分析，为进一步研究农民工职业教育培训问题提供了可靠的数据支持。

（二）农民工职业教育现实问题

本书从农民工市民化的角度出发，来研究当前农民工职业教育培训是否与农民工的市民化诉求相匹配，是否能够满足他们的市民化需求。通过对农民工职业教育与市民化的问卷调查以及对我国农民工职业教育培训现状的分析和研究，课题组遵循从个别到一般的原则，分析发现阻碍农民工教育培训需求实现的因素主要包括农民工自身因素以及农民工职业教育培训体系中存在的问题。

1. 农民工自身的问题

（1）参加职业教育培训的动力不足

农民工由于自身所受教育的有限性，加之工作的不稳定性，缺乏职业规划，自身很难认识到职业教育培训对其在城市社会中的长远发展具有重要意义，自身学习的愿望不强烈。由于接受职业教育培训会存在一个机会成本的问题，教育成本不能马上回收，又因为他们自身缺乏市场意识、竞争意识以及人力资本意识，更注重眼前利益的得失，所以，很大一部分农民工并不愿意花费时间和金钱去学习职业技能，参加职业教育培训。另外，由于政府职业教育培训能力不足，导致职业教育培训内容不合理，师资力量差，教育投资高，农民工本身又不懂政策，缺乏信息渠道，加班常态化，这些因素都消减了农民工对教育培训的积极性。

（2）职业教育支付能力有限

尽管大部分农民工已经意识到参加职业教育培训可以提高他们的职业技能、工作能力和自身素质，能够加速其融入城市社会生活的进程，但他们的收入水平低，而且经常发生工资被拖欠的事情，能用于支付职业教育培训的资金非常有限。调查发现，农民工的收入多集中在1800元以上，在接受调查的6150名调查对象中，我们发现仅有14.5%的农民工表示收入能充分满足城市生活的需求，55.35%的农民工则认为工资只能基本保证自己的生活，30.15%的调查对象还需要父母的资助来维持生活。尽管农民工进城务工后生活观念慢慢趋同城市人，但因为他们的收入有限，他们把资金主要投资在自身日常生活、人际交往和养家糊口上，很少在学习培训上投入资金，所以无力支付职业教育培训资金是阻碍农民工参加职业教育培训的重要因素之一。

（3）参加职业教育的时间和精力欠缺

在本次问卷调查中，我们发现农民工加班存在常态化。在被调查的6150名农民工中，经常加班没有休息时间的农民工占到了总人数的77%，而每天工作时间超过8个小时的人数竟然能占到总人数的84%。在这种高强度的工作状态下，农民工因长时间加班而透支身体，精力不足，生活质量差，使大部分农民工没有足够的时间和精力去参加职业教育培训，严重影响了农民工参与职业教育的积极性。超长的工作时间成为制约农民工参加职业教育培训的因素之一。

2. 政府的问题

（1）关于农民工职业教育培训的立法缺失，农民工职业教育法律法规体系不健全

中国尚没有一部关于农民工教育培训的专门法律，对农民工职业培训的相关活动尚未有明确具体的法律条文。1995 年中国颁布的《中华人民共和国教育法》没有对农民工的教育培训做任何阐述，虽然《中华人民共和国劳动法》对培训做了相应阐述，但涉及的对象主要为企业职工，也不包含农民工；1996 年中国颁布《中华人民共和国职业教育法》，对农民工的职业教育有所涉及但并不是非常清晰，对农民工的职业培训没有详细的、有针对性的规定；在 1993 年颁布的《中华人民共和国农业法》中，对农民工的职业培训进行了一些相关的规定，但是这些规定还不够具体，并且在实际开展工作时发挥的作用也不大。由此可见，尽管改革开放以来，教育法、劳动法、职业教育法、农业法等法规皆对职业培训就某一方面进行了阐述，但是并没有专门针对农民工职业培训而设立的法律条文。近几年政府对农民工职业培训的关注度逐年增加，颁布了诸多法规条文，各个地方政府也相继实施了农民工职业培训方面的目标、决定或政策，但皆没有升华到法律层面。中国推行农民工职业教育培训的制度环境和法律环境还远不能满足实践的需求，这就必然导致农民工职业培训在具体的实践中无法可依，出现问题难以有效解决。中国农民工职业培训的法律缺失，政府对农民工职业教育培训的重要性认识不足，是当前农民工培训诸多问题的根源之一。

（2）对农民工职业教育培训的资金投入不足，缺乏多元化的资金投入机制

长期以来，中国农民工职业教育培训的资金来源主要由中央财政拨付、地方财政配套、企事业培训部门出资及参加培训者自付四个方面组成。因为农民工职业培训带有公益性的特点，企事业单位及各种社会组织参与性不高，资金来源主要还是以各级财政支持为主。分析近年来统计局每年颁布的《农民工监测调查报告》可以看

出，中国农民工的总量增速每年保持在 1000 万人左右，农民工的培训需求日益增大。尽管近年来政府不断提高农民工教育培训的财政投入，但财政支持的增加仍旧无法与与日俱增的农民工培训需求相适应，政府投入经费依然不足。加之，政府缺乏对农民工教育培训机构的扶持和激励，以赚钱为目的的商业资本就难以涉足农民工职业教育培训这一带有公益性特征的活动上来。而农民工本人收入水平较低，能用于支付教育培训费用的储蓄不多，本身无法支付大额的教育培训费用。由于缺乏资金的支持，农民工教育培训质量就得不到保证，从而加重了农民工职业教育培训的难度。所以说政府资金投入不足和缺乏多元化的资金投入机制，是农民工职业教育培训的瓶颈之一。

（3）农民工职业教育培训管理体制落后，职业教育培训管理体系不健全

目前，中国负责管理农民工职业培训的主体主要是各级政府部门，主要包括农业部、教育部、财政部、科技部、人力资源部与社会保障部等部门，由于这些部门彼此间都是平行的级别等同部门，各级部门权利职责相互交叉，关于农民工职业培训的职责不明，在实际的工作中缺乏配合，相互推诿，甚至会各自为政分头行动，协作机制很不健全。从全国来看，中国农民工职业培训资源包括各类大中专职业培训院校、各类农林技术推广院校、各类劳动机工院校、企业资源以及高等科研机构中的网络资源等。但这些职业培训机构分别归属不同的行业组织和机关部门所管辖，各培训机构自行其是，各自为政，培训资源非常分散，很难集中形成规模效应。这些情况导致每个部门所开展的职业培训规模都很小，培训资源浪费。各培训机构更是弄虚作假，培训设施落后，课程内容不是农民工想学的，培训师资薄弱，培训方法单一，教育培训缺乏系统性，规范化长效培训体系缺失。

（4）农民工职业教育监督考核机制缺失，评估体系和监管体制不够完善

对农民工职业教育培训进行监督与评估考核，是农民工职业教育培训体系有效运行的重要保障。参照明确的监管体制标准对农民

工职业教育培训进行管理监督与效果考评，这是农民工职业教育培训工作顺利开展的基础。对农民工职业教育培训机构的培训内容与培训效果进行评估与考核，了解培训结果和培训预期的差异，分析培训中的不足和问题产生的根源，能有效改善农民工职业教育培训的效果。然而，当前我国农民工职业教育体系中的监督考核机制并不健全。虽然很多政策中都明确规定了要加强对农民工职业教育培训的监督与评估，但是国家并没有形成完整有效的监督考核管理办法，缺乏明确的标准和考评制度。这就导致国家对农民工职业教育培训的监管考核工作流于形式，农民工职业教育培训主体要么不作为，要么乱作为，农民工职业培训教育市场杂乱无章，真正公益性、社会性的教育机构太少，有些培训机构甚至伪造培训数据，套取国家财政资金，农民工职业培训只见数字不见人，造成了极其恶劣的负面影响。

（5）农民工职业教育信息宣传渠道不通畅、就业服务机制不健全

本书调查数据显示，83.41%的农民工没有参加过政府或培训机构组织的农民工职业教育培训，其中有超过半数是因为没听说过有这样的培训，对由谁组织培训，在哪培训，培训什么均表示不清楚。8.94%的农民工表示自己找不到工作的原因是因为缺乏相关就业信息和资源，对于培训中的主要问题，有38.58%的农民工选择不推荐就业。这就说明政府在农民工职业教育服务管理以及就业服务上工作缺位，缺乏对农民工职业教育培训信息和就业信息的宣传，没有形成完备的农民工职业教育培训服务和做到农民工就业服务信息网络全覆盖。这也是农民工职业教育培训工作出现诸多问题的影响因素之一。

3. 培训机构的问题

目前，中国农民工职业教育培训体系按照组织者分，可以分为政府组织的培训机构、民办民营的培训机构和大中型企业的培训部门三类。政府组织的培训机构为具有一定公益性质的公办培训机构，主要有就业培训中心、各类大中专职业培训院校等。该类培训机构由于具有浓厚的行政色彩，人浮于事，在培训内容、方式上存在很大的局限性；民营民办的培训机构主要为各种社会团体或个人出资创办的以盈

利为目的培训机构，以自身利润为出发点，收取较高的培训费用。由于缺乏标准的运营规范，根本不能保证培训的质量，有时还会欺诈骗取农民工高额学费；大中型企业的培训部门所进行的培训，一般都从企业的长远利益出发，对农民工员工开展针对性很强、实用性较高的培训。但企业毕竟是以盈利为目的的，任何决策都要与企业效益挂钩，很多企业会从降低成本的角度考虑，不愿意付出财力、物力和时间对农民工进行培训。另外，基于"孵"出的"凤凰"另栖别枝的顾虑，企业更喜欢"拿来就用"型人才，或者只培训一些初级的基本常识，来防止企业自身人力资本的外溢。由此可见，中国农民工职业教育培训机构的运营机制并不规范。

4. 小结

本书对新型城镇化下中国农民工在职业教育培训方面存在的各种问题进行了简要的分析。指出了农民工自身存在培训动力不足、支付能力有限、时间精力欠缺的问题；政府方面存在立法缺失、资金投入不足、管理体制落后、监督考核机制缺失、信息宣传渠道不通畅等问题；培训机构则存在运营机制不规范的问题。

三　农民工职业教育体系构建

新型城镇化下，建立适合农民工和社会发展需要的职业教育体系，是实现农民工稳定就业和市民化的前提。农民工职业教育体系的构建，必须坚持以人为本、公平正义的包容可持续性理念，树立包括职业教育、技术教育与培训在内的大职业教育观念，遵从实效性原则、灵活性原则、稳定性原则、激励性原则和可持续性原则，实行零距离教学，探索建立与农民工市民化相适应的开放办学模式。

（一）农民工职业教育体系构建的总体思路

开展农民工职业教育的最终目的是促进新型城镇化下农村剩余劳动力向城市的转移，在提高农民工职业能力和综合素质的同时来提高他们的就业能力与经济收入，从而提高农民工的市民化程度。农民工职业教育体系的构建，必须坚持以人为本、公平正义的包容可持续性理念，重点关注法治机制、投入机制、管理机制和考评机制四个方面。政府要通过制定和完善农民工职业教育相关的法律法规对农民工职业教育培训进行间接管理；以财政资金为主体，鼓励企业和社会组织及个人的广泛参与，建立多元化的教育资金投入机制；统筹各种教育资源，完善农民工职业教育培训的运行机制，建立健全中央独立管理部门统筹下的农民工职业教育培训行政管理体制；综合考虑各方因素，明确农民工职业教育培训考核标准和考评制度，制定农民工职业教育培训考核指标体系，确保农民工职业教育培训的质量和培训体系高效运行。

（二）农民工职业教育体系构建的基本原则

1. 实效性原则

实效性原则就是对农民工开展的职业教育培训内容必须具有针对性，即是农民工想学的，又是企业用人单位岗位所需内容。首先，要求各培训机构从农民工职业教育的实际出发，以市场需求为导向，实事求是地开展调查研究，然后结合自身的优势和劣势，规划培训内容。其次，培训机构在培训过程中，不能只见树木不见森林，单纯追求培训数量而忽视培训的质量。最后，培训机构还应考虑每个农民工学员的具体问题（人员层次、工种、求学之初的困惑），有的放矢，"因材施教"，有效解决每一个农民工所需要解决的问题，选择确定培训项目，避免"闭门造车"。

2. 灵活性原则

灵活性原则就是要求在对农民工开展职业教育培训时，教育培训的内容、形式要多样化，能够满足不同地区背景、不同文化程度、不同进城务工时间、不同性别、不同年龄、不同兴趣以及不同工种、不同层次的农民工需要，有针对性地开展多内容、多层次、多形式的职业教育培训。培训的内容、培训的时间、培训的地点，都要灵活应变，根据不同农民工学员的不同情况，灵活应变。

3. 稳定性原则

稳定性原则就是在构建农民工职业教育体系时，各项制度的设计都必须遵循农民工自身发展的规律和教育发展的规律，制度一旦确定，就必须在一定时期保持相对的稳定性，不能"朝令夕改"。这就要求政府必须遵守"农民—农民工—市民"发展规律和农民工教育从"不公平—公平"的发展规律，来设计、制定农民工职业教育相关制度政策。同时，在优化农民工职业教育制度政策时，要明确相应的政策条款的有效期限，来保持制度的稳定性。因为，制度的不稳定性会影响制度的权威性，制度稳定是制度得以有效执行的保障。

4. 激励性原则

激励性原则就是在对农民工职业教育的管理过程中，应遵循市场规律，充分调动企业、社会组织及个人参与农民工职业教育的积极性，建立多元投入长效机制。政府需要补偿企业、社会组织及个人在承担农民工职业教育这一责任过程中的经济损失，建立农民工职业教育返税制度，以此减轻参与农民工职业教育的企业、社会组织及个人的负担，调动他们参与农民工职业教育的积极性。

5. 可持续性原则

可持续性原则是指农民工职业教育的内容、模式、管理机制、投资机制、考评机制等都要与外部环境相适应，与经济社会的总体发展趋势相适应，与时俱进，不断创新，可持续发展。因为，农民工职业教育是一个动态的发展过程，需要根据外部环境的变化不断调整与创新。

（三）农民工职业教育体系构建的制度设计

中国农民工职业教育体系是由多种机构、多个层面组成的复杂系统工程，在工程运行之前进行制度设计，决定着这个工程运行的成败。本书在深入分析当前国内外农民工职业教育的现状和问题的基础之上，认为农民工职业教育体系的构建在制度设计方面应该重点从法治机制、投入机制、管理机制和考评机制等方面进行构架。

1. 构建完善的农民工职业教育法治机制

从中国农民工职业教育发展的整体状况来看，法律法规的建设落后于农民工职业教育实践发展的需要。目前，中国尚没有一部关于农民工教育培训的专门法律，现有法律法规中，涉及农民工职业教育的法律法规只有1993年的《中华人民共和国农业法》和《2003—2010年全国农民工培训规划》，但是这些规定还不够翔实、全面、具体，并且在农民工职业教育的管理和投入等问题上发挥的作用也不大。由于法律法规的缺失，导致农民工职业教育开展的过程中出现的许多问题得不到解决。纵观国外那些能够在农村劳动力培训和就业方面取得较大成功，成功把农村劳动力转移到城市的典型国家，都建立了一整套完备的农民工职业教育法律法规体系。鉴于此，中国需要尽快建立健全农民工职业教育法规体系，构建完善的农民工职业教育法治机制，以法律法规的形式来推进农民工职业教育，明确各级政府、相关部门及培训机构的权利与责任。

2. 构建农民工职业教育多元投入长效机制

农民工职业教育涉及中国经济社会转型发展、新型城镇化建设、社会主义新农村建设和社会主义和谐社会的建设，经费保障是农民工职业教育的根本，国家应创立与实施以政府投入为主的多元化经费投入机制。第一，应建立稳定的公共财政投入机制。科学制定农民工职业教育财政性经费投入目标，不断增加农民工职业教育的投资比例，保证经费的投入能够满足农民工职业教育的发展需求。第二，应合理划分各级政府对农民工职业教育投入的责任和比例，将农民工职业教育经费纳入各级政府财政预算，按照投入的责任和比例，保持农民工职业教育财政拨款持续增长。第三，不断增加农民工职业教育民间投入经费的比例，制定鼓励和引导民间资本投入农民工职业教育的政策，充分调动企业、社会组织及个人参与农民工职业教育的积极性。第四，建立农民工职业教育发展专项基金，鼓励支持民间资本以多种形式建立农民工职业教育基金，并利用金融、税收、彩票、社会捐助等手段筹措农民工职业教育经费。

3. 构建中央独立管理部门统筹下的农民工职业教育管理机制

目前中国农民工职业教育的管理主体主要为教育部、农业部等多个政府部门，由于各管理主体间的责任划分不够明确，各管理主体之间存在扯皮、缺乏配合、相互推诿、利益博弈等问题，这种不健全的协作机制最终致使农民工职业教育政策执行效果很差，农民工职业教育事业流于形式。为此需要对农民工职业教育的管理机制进行重构，有效解决农民工职业教育由谁负责，责任主体应具备哪些能力、具体职责以及各责任主体间应如何有效协作、激励、监督等问题。课题组借鉴国外经验并结合国内农民工职业教育实践，借鉴肖前玲对农民工教育体制政策设计的基本构想，认为中央应建立一个独立的行政机构来专门管理农民工职业教育事业，统筹处理农民工职业教育发展事务，建立完善的农民工职业教育管理机制和合理的运行机制。具体如图 5 - 17 所示。

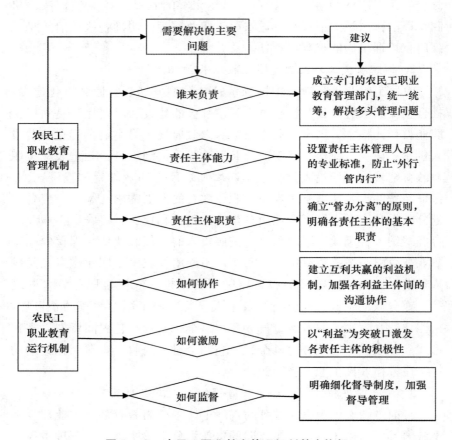

图 5 - 17　农民工职业教育管理机制基本构想

4. 构建合理有效的农民工职业教育培训效果考评机制

只有建立农民工职业教育考评机制，才能提高农民工职业教育培训质量，解决职业教育过程中出现的问题和提高管理绩效，保证农民工职业教育事业有序运行。考评机制的建立，需要综合考虑农民工就业市场的供给需求情况，不断探索培训效果考评的有效方式与方法，将考核评审的方式和流程规范化、程序化、制度化。在考评机制的构建过程中，政府部门、市场中介、培训机构和企业部门要通力合作，政府部门要设定相关制度，指定规范的行为流程，构建评价指标系统，以实现农民工职业教育事业的健康发展。培训机构等非政府行政部门，则要依照市场供求机制和自身发展的需要，来建立相关农民工职业教育培训效果的考评指标体系，对农民工职业教育培训效果进行考核和评价，作为政府考评的一个参照。在这个考评机制中，政府和市场相互协调、相互补充。

第六章 推进农民工市民化的
思路与政策建议

走中国特色的新型城镇化道路，必须把有序推进农民工市民化作为重要任务抓实抓好，不断提高城镇化质量和水平（魏后凯等，2013）。这不仅需要加快户籍制度改革，使进城农民工获得城市市民身份，更需要在劳动就业、住房保障、公共服务、社会保障、民主权利等多个领域进行制度改革，实现农民工与输入地城镇居民享有同等的福利待遇、公共服务和政治权利，最终完成从传统乡村文明向现代化城市文明的整体转变（2013，欧阳力胜）。

一 推进农民工市民化的总体目标

有序推进农民工市民化，实施三步走的战略目标。

第一阶段，从现在到 2020 年，全国人口预期将达到 14.2 亿人，全国户籍人口城镇化率提高到45%，常住人口城镇化率将达到60%，到 2020 年，各地区户籍人口城镇化率与常住人口城镇化率差距比2013 年缩小 2 个百分点。[①] 除市区人口 500 万人以上的超大城市以具有合法稳定就业和合法稳定住所（含租赁）、参加城镇社会保险年限、连续居住年限等限制落户外，其他所有大中小城市全面放宽落户条件，均不得采取购买房屋、投资纳税等方式设置落户限制；基本实

---

① 国务院发布的《国家人口发展规划（2016—2030 年）》，2017 年 1 月 25 日（http：//www. gov. cn/zhengce/content/2017-01/25/content_ 5163309. htm）；国务院发布的《推动 1 亿非户籍人口在城市落户方案》，2016 年 10 月 11 日（http：//www. gov. cn/zhengce/content/2016-10/11/content_ 5117442. htm）。

现城乡居民自由迁移、安居乐业的制度环境，户籍人口城镇化率年均提高 1 个百分点以上，年均转户 1300 万人以上，实现 1 亿左右农业转移人口和其他常住人口在城镇落户，并平等享有各项市民权利；对暂时不具备市民化能力的农民工，除城市居民最低生活保障和保障性住房等保障权利外，落实农民工与城镇居民享有其他基本公共服务和部分公共福利。

第二阶段，从 2020 年到 2030 年，全国人口预期将达到 14.5 亿人，常住人口城镇化率达到 70%。① 废除城乡分割的户籍制度，剥离附加在户籍上的福利待遇，全国所有居民实行居住证制度；2010—2030 年，每年完成 2000 万左右农民工及其随迁家属自愿在城镇落户，所有城乡居民享有大致均等的公共服务和社会福利体系，基本完成农民工市民化进程，形成工业化、城镇化和农业现代化良性互动、同步发展的新格局。

第三阶段，从 2030 年到 2050 年，农村劳动力可自由在城镇落户并融入城镇，农民工现象结束，城乡一体化发展基本实现。

二　推进农民工市民化的基本思路

1. 指导思想

高举中国特色社会主义伟大旗帜，以邓小平理论、"三个代表"重要思想、科学发展观为指导，紧紧围绕全面提高城镇化质量，加快转变城镇化发展方式，以人的城镇化为核心，有序推进农民工市民化；以公平对待解决好农民工在市民化过程中的问题为根本要求，以实现基本公共服务均等化为核心，以提高农民工创业就业技能，保障农民工合法权益，完善农民工住房、教育、医疗等公共服务制度为重点，深化户籍制度改革，扎实提高人口城镇化水平，促进农民工公平共享发展成果（韩俊、何宇鹏，2014）。

2. 基本原则

（1）以人为本，公平共享。以人的城镇化为核心，合理引导人口

---

① 国务院发布的《国家人口发展规划（2016—2030 年）》，2017 年 1 月 25 日（http：//www.gov.cn/zhengce/content/2017-01/25/content_ 5163309. htm）。

流动，有序推进农民工市民化，稳步推进城镇基本公共服务常住人口全覆盖，不断提高农民工素质，努力实现农民工进城有工作、上岗有培训、劳动有合同、报酬有保障、参保有办法、生产有安全、住宿有改善、维权有渠道、生活有文化、发展有目标的"十有"目标。

（2）尊重意愿、自主选择。进城落户农民是否有偿退出"三权"，应根据党的十八届三中全会精神，在尊重农民意愿的前提下开展试点。现阶段，不得以退出土地承包经营权、宅基地使用权、集体收益分配权作为农民进城落户的条件。

（3）因地制宜、分步推进。充分考虑不同地区经济发展水平、城市综合承载能力和提供基本公共服务的能力，实施差别化落户政策。赋予地方更多操作空间，地方政府因地制宜，鼓励地方创造典型经验，积极稳妥扎实有序推进农民工的市民化。充分尊重群众自主定居意愿，坚决打破"玻璃门"，严格防止"被落户"。

（4）存量优先，带动增量。优先解决进城时间长、就业能力强、能够适应城市产业转型升级和市场竞争环境的非户籍人口落户，形成示范效应，逐步带动新增非户籍人口在城市落户。

3. 战略思路

（1）健全农民工落户制度，实行差别化落户政策，推进符合条件的农民工落户城镇。各类城镇要健全农民工的落户制度，根据综合承载能力和发展潜力，以就业年限、居住年限、城镇社会保险参保年限等为基准条件，因地制宜制定具体的农民工落户标准，并向全社会公布，引导农民工在城镇落户的预期和选择，逐步使符合条件的农民工落户城镇。以合法稳定就业和合法稳定住所（含租赁）等为前置条件，全面放开建制镇和小城市落户限制，有序放开城区人口 50 万—100 万的城市落户限制，合理放开城区人口 100 万—300 万的大城市落户限制，合理确定城区人口 300 万—500 万的大城市落户条件，严格控制城区人口 500 万以上的特大城市人口规模。大中城市可设置参加城镇社会保险年限的要求，但最高年限不得超过 5 年。特大城市可采取积分制等方式设置阶梯式落户通道，调控落户规模和节奏。

（2）公平对待农民工，加快推进农民工享有城镇基本公共服务的工作。按照保障基本、循序渐进的原则，着力保障和改善民生，按照基本公共服务和财力相适应并随经济发展水平不断提高的原则，积极推进城镇基本公共服务由主要对本地户籍人口提供向对常住人口提供转变，将农民工纳入教育、就业创业、医疗卫生、住房、养老和生活保障等在内的城镇公共服务体系，最终实现城乡一体保障。

（3）强化各级政府责任，建立健全农民工市民化推进机制。合理确定各级政府职责，各级政府根据基本公共服务的事权划分，承担相应的财政支出责任，增强农民工落户较多地区政府的公共服务保障能力。建立健全由政府、企业、个人共同参与的农民工市民化成本分担机制，推进农民工融入企业、子女融入学校、家庭融入社区、群体融入社会，建设包容性城市。积极引导农民工参加党组织、工会和社团组织，引导农民工有序参政议政和参加社会管理，完善农民工社会参与机制。

（4）建立进城落户农民"三权"维护和自愿有偿退出机制，依法保障农民工的土地权利。加快推进农村集体产权制度改革，确保如期完成土地承包权、宅基地使用权等确权登记颁证，积极推进农村集体资产确权到户和股份合作制改革，不得强行要求进城落户农民转让其在农村的土地承包权、宅基地使用权、集体收益分配权，或将其作为进城落户条件。建立健全农村产权流转市场体系，探索形成农户对"三权"的自愿有偿退出机制，支持和引导进城落户农民依法自愿在本集体经济组织内部有偿转让上述权益。

三 推进农民工市民化的政策措施

针对目前中国农民工市民化存在的问题，学术界提出了大量探索性的对策建议。概括来说，普遍认为可以通过制度化改革、能力建设及完善组织管理保障三种路径来推动我国农民工市民化进程。本书结合当前的宏观背景，采取多学科交叉、多视角结合的方法，提出以下政策建议。

（一）基于制度改革视角推进农民工市民化的对策建议

第一，继续推进户籍制度及相关制度的深化改革，各级政府需重点解决推动户籍与福利脱钩，使广大农民工在为城市建设做出巨大贡献的同时，获得与之相应的城市公共服务和社会福利。加快提高户籍人口城镇化率，推进有意愿、有条件的农民工在转入地落户定居，制定差别化的落户条件，分类有序推进户籍制度改革。重点解决举家迁移、长期（5年以上）城市就业、在城镇拥有自购住房以及农民工的城镇落户问题，因为这部分人的市民化意愿及市民化能力均高于其他农民工。消除城乡之别，逐步破除相关的制度壁垒，对于那些不愿意转移户口及不符合落户条件的城镇常住农民工，推行居住证制度，"阶梯式"提供平等的公共服务和权益保障（辜胜阻等，2014）。一蹴而就地实现对农民工公共服务的均等化是不现实的，采取"阶梯式"的方式，既可以缓解政府的财政负担，又可以体现基本公共服务全覆盖的原则。对于那些影响资本积累和一生发展的权益，比如教育、公共卫生等要优先给予。对于那些不会给当地财政带来负担的权益，比如医疗、养老和失业保险等要保证给予。对于那些财政补贴缴费的权益，应设定一个全国统一的最低给予标准。而对于保障性住房等福利待遇则要增加政府补贴，出台农民工买房优惠政策，从而实现农民工市民化与楼市去库存的双赢。

第二，完善基本公共服务制度，切实保护农民的土地权益。完善基本公共服务，对于中国能否成功取消户籍管理制度至关重要。农民工群体享受公平待遇的实现，从政策演变的角度来看，并非是通过户籍制度的改革一次完成，而是通过逐步改善公共服务来实现。近年来，尽管中国政府采取了一系列的措施积极推进城乡一体化和基本公共服务均等化，并加大农村落后区域的投资来缩小城乡区域差异，但社保、住房和低保等方面在制度设计和统筹上还有较大空间，需要进一步提升（韩俊、何宇鹏，2014）。同时，在农民工向城市转移的过程中，不应强迫他们放弃农村土地的使用权，为他们提供更高水平的社会保障不应成为他们落户城镇、放弃农村土地使用权的正当理由。应积极探索农民权益自愿有偿退出机制，维护进城落户农民土地承包权、宅基地使用权、集体收益分配权，支持引导其依法自愿有偿转让上述权益。完善农村承包地"三权分置"，在依法保护集体所有权和农户承包权的前提下，平等保护并进一步放活土地经营权，允许入股从事农业产业化经营。积极探索宅基地"三权分置"，落实宅基地集体所有权，保障宅基地农户资格权和农民房屋财产权，适度放活宅基地和农民房屋使用权，鼓励盘活利用闲置宅基地和房屋。建立农村集体经营性建设用地直接入市制度。完善农村土地征收制度，缩小征地范围，规范征地程序。积极探索农民就地城镇化道路，实现农民就地城镇化。一是破除城乡二元结构体制，改革农村土地产权制度，允许农村集体建设用地入市，支持农民以自营或者出租的方式使用自有产业集体建设用地参与城镇建设（潘家华等，2013）。二是积极做好土地征用补偿、拆迁安置住房及被征地农民的住房、就业、医疗、保险、教育、养老等公共服务工作，推进"城中村"农民与失地农民的市民化（魏后凯等，2013）。三是加大农民工返乡创业、就业的支持力度，鼓励农民工返乡创业就业，就地实现市民化。

（二）基于成本视角推进农民工市民化发展的对策建议

第一，进一步完善农民工市民化的成本分担机制。通过顶层的制度安排，明确界定农民工市民化成本的承担主体及责任界限。从当前情况看，由中央政府、地方政府、农民工就业企业和农民工本人等共同承担农民工市民化的成本是合适的（彭新万，2018）。政府应当主动承担更多的责任，加大投入力度，或可引导非公有制企业进入特许经营领域，通过 PPP 模式解决基建和保障房建设的资金压力，减轻个人和企业在农民工市民化过程中的成本分担比例（李永乐、代安源，2017）。企业应承担起相关的社会责任，为农民工主动缴纳足额的住房公积金、社会保险、职业年金等社保费用。农民工个人作为市民化的主要受益者，应积极配合城镇化的推进，主动利用土地流转、农业资产交易平台，实现"带资进城"。

第二，进一步创新完善农民工市民化的筹资机制。如果说成本分担机制为解决农民工市民化成本起到了"输血"作用，那么市民化筹资机制则为解决农民工市民化成本起到了"造血"作用。市民化是一个长期的过程，农民工市民化的最终目标是要农民工融入城市、长期并稳定地生活在城镇。因此，仅仅依靠成本的分担机制并不能解决市民化成本的长期问题，而是需要通过顶层的制度安排，建立起农民工市民化成本的筹资机制，形成解决成本的长效机制，减轻政府财政压力及农民工个人的压力。一方面，可以深化财税体制改革，建立财事权相一致的新财税体制，提升地方政府事权能力，进而有效地促进农民工市民化；另一方面，可以建立农民工市民化与农村土地的联动机制，通过激活农民工在农村的土地财产权利，实现土地权益，从而有效推进农民工市民化进程。

（三）基于素质提升视角推进农民工市民化的对策建议

第一，加大农村地区义务教育的普及力度，积极促进农民工的就业创业培训，提高农民工受教育程度。相较于农村未流出的农民，进城务工的农民工受教育水平相对较高。然而，相较于城市居民，农民工受教育水平则普遍较低，人力资本存量较低，在劳动力市场中处于劣势地位，难以获得具有较高收入工作岗位的机会，制约了其市民化能力的提升。因此，应加大农村地区义务教育的普及力度并积极推进农民工的就业创业培训，提高农民工受教育程度，提高其在劳动力市场中的竞争力。对于有就业意愿的农民工，要免费提供政策咨询、职业指导、职业介绍等方便快捷的就业服务。对于愿意创业并具备创业条件的，要加强提供创业扶持，提供创业培训、项目信息、开业指导、创业担保贷款以及跟踪扶持等服务，推动创业，带动就业。通过培训提高农民工在城市获得具有较高收入工作岗位的可能性，进而提高农民工实现市民化的能力。

第二，构建农民工市民化职业教育体系，大力发展对农民工的职业技术教育。以加强农民工技能培训和职业教育为重点，着力提升农民工职业技能素质。把推进农民工职业教育培训，提升农民工的人力资本和劳动技能作为促进农民工获得稳定的就业机会，实现收入增长和改善市民化能力的基础。把构建农民工市民化职业教育体系，大力发展对农民工的职业技术教育，作为国家经济结构调整，实现经济可持续发展的重要动力来源，并提到战略措施的地位上来，以确保农民工人力资本结构能够适应供给侧结构改革的新要求。各级政府要把推进农民工技能培训和职业教育作为重点任务，有领导、有步骤地扎实推进。应加大公共投入，保障农民工技能培训、职业教育所需要的资金，实现职业技能培训教育对所有农民工的全覆盖。另外，要创新培训方式，着力提高培训教育效果：强调内容的针对性、层次性和个性化；培训时间的灵活性和参与可行性；培训信息要广而告知，提高知晓度；最关键的还要注意费用的减免，从而调动参与的积极性。

（四）基于差异性视角推进农民工市民化的对策建议

第一，按不同类型的农民工市民化人口推行差别化的市民化政策。不同类型的农民工，市民化的意愿不同，所以需要选择不同的市民化路径，推行不同的市民化政策。对于举家外迁在城市定居的主动型市民化人口，政策可以优先解决其子女的入学问题，鼓励其落户；对于流动型主动市民化人口，鉴于他们的市民化意愿也较强，而市民化能力较弱，政策的重点是优先解决其住房问题，组织就业培训，提高其人力资本水平；对于被动型市民化人口，鉴于他们市民化意愿不太强烈，并面临市民化后的生活保障和再就业担忧，而因为得到了政府或开发商给予的安置补偿费，市民化能力较强，政策的重点是优先解决其再就业问题，组织就业培训，提升人力资源能力。

第二，按农民工市民化的城市和地域布局推行差别化的市民化政策。在农民工市民化过程中，大城市承载压力过大，而中小城市则面临吸引力不足，农民工落户城镇积极性不高的尴尬局面。针对这一问题，应统筹考虑城市布局和地域布局，统筹推进大中小城市和小城镇协调发展。在保持大城市对农民工吸纳的同时，进一步促进中小城市和小城镇对农民工的吸纳能力，优先发展中小城市，大力发展县域经济，增强中小城市和小城镇产业发展、公共服务、吸纳就业、人口聚集的功能。

第七章　农民工市民化典型案例
经验借鉴

党的十九大报告在回顾过去 5 年工作和历史性变革时指出,中国城镇化率年均提高 1.2 个百分点,8000 多万农业转移人口成为城镇居民。这种大规模、快速化的城镇化一方面为中国经济社会发展注入了澎湃动力,另一方面也因史无前例的人口转移规模而带来了严峻的社会整合问题。近年来,中国各地政府纷纷开展了推进农民工市民化的有益探索,积累了不少有益经验,本章主要选取 2016 年国家发改委公布的全国城镇化工作 15 个典型地区中的部分案例进行剖析,总结其农民工市民化的具体经验。

一　威海市推进农民工市民化工作的经验

威海市是山东省的地级市,位于山东半岛东端,北、东、南三面濒临黄海,北与辽东半岛相对,东与朝鲜半岛隔海相望,西与山东烟台接壤。东西最大横距 135 公里,南北最大纵距 81 公里,域内人口主要分布集中于 985.9 公里的海岸线上。威海市现辖环翠区、文登区、荣成市和乳山市,48 个建制镇。经过多年的改革发展,威海经济发展基础较好,区域发展相对均衡,各市区之间经济总量和群众生活水平差距不大。从 1987 年成立地级市到现在,GDP 年均增长17.3%,2015 年突破 3000 亿元;一般公共预算收入年均递增19.8%,2015 年达到 249.75 亿元。常住人口城镇化率超过60%,人均 GDP 超过 1.6 万美元,居全省第 2 位,城镇化基础相对较好。

近年来,威海市深入实施"全域城市化、市域一体化"战略,把全市作为一个整体来规划和发展，大产业项目全域统筹布局，重大基础设施全域统筹建设，公共服务体系实施同城化设计，彻底突破城乡二元结构的束缚，走以城市化带动市域一体化的城镇化新路（威海市住房城乡建设局、威海市政府调研室，2016）。坚持以人的城镇化为核心，以"同城同待遇"为目标，威海市在宏观常态中努力把握区域动态，围绕实现农民工"十有"和"四融入"目标，分类实施就业创业措施和服务举措，深入推进各项公共就业服务均等化，有序推动农民工的就业创业与社会融合，确保农民工进得来、用得上、留得住、发展好，有力推动了威海市农民工市民化进程（威海市人社局，2016）。2015 年，威海市常住人口城镇化率达 63.16%，户籍人口城镇化率达到 56.02%。① 2016 年，国家发展改革委办公厅印发新型城镇化系列典型经验《农业转移人口市民化案例》（发改办规划〔2016〕2659 号），威海作为全国城镇化工作 15 个典型地区之一，其经验做法在全国推广。本书从户籍制度改革、农民工就业、农民工住房、农民工社会保障、农民工随迁子女义务教育和农民工社会融入等方面，总结威海市农民工市民化的具体经验。

（一）深化户籍制度改革，放宽农民工进城落户定居条件

城乡分割的户籍制度以及依附于户籍制度之上的一系列福利制度，是农民工市民化的最大障碍。通过户籍制度改革，放宽落户条件，是各地推动农民工市民化的重要探索，威海市在这方面总体上走在全国前列。主要是通过实施一系列政策措施，以户籍制度改革为切入点持续推进公共服务均等化，持续提升"全域城市化、市域一体化"发展质量，工作成效显著。

2004 年起，威海开始在全市逐步实行城乡统一的户口登记制度，在全市范围取消"农业户口"和"非农业户口"的性质划分，按照常住地登记户口原则，统一登记为威海市居民户口，实现了户口"一元化"管理。2010 年威海市又进一步放宽了本地农民落户城镇的条件，取消了住房面积、房产金额等条件限制。2013 年出台了《威海

---

① 2016 年威海市国民经济和社会发展统计公报；《2016 年威海市统计年鉴》。

市居民户口迁移管理暂行办法》，实行了分类明确的户口迁移政策，在威海中心城区、县级市市区、重点区域及建制镇实施不同的户口迁移政策，防止在中心城区过度聚集，为农业转移人口有序落户城镇打通了阶梯式政策通道。2015 年 10 月《威海市居民户口迁移管理办法》正式实施，进一步降低了外来人员在威海落户的门槛，放宽了有合法稳定住所、合法稳定职业的市外人员的落户条件，取消了购房面积和金额限制。2018 年 6 月 1 日，威海市政府印发《威海市居民户口迁移管理办法》，2015 年 9 月 29 日市政府印发的《威海市居民户口迁移管理办法》自新办法施行之日起废止。新办法在全市范围内全面放开城镇落户限制，取消了社会保险费缴纳年限限制，取消了投资纳税金额限制，取消了落户年龄限制，放宽了购房落户界定条件，进一步放宽了农民工进城落户的条件。截至 2016 年，全市常住人口 281.93 万人，其中，城镇人口 183.25 万人，比上年末增加 6.07 万人，全市常住人口城镇化率提高到 65.0%，户籍人口城镇化率提高到 57.3%[①]。

（二）开展精准化公共就业服务，以就业有序推进市民化

就业是农民工在城市获取收入的主要途径，农民工市民化首先要解决的就是农民工在城市的就业问题。威海市通过提供完善的就业服务、分类推进抓职业技能提升、以人为本抓用工环境优化、激活内力抓创新创业引导这四个就业创业措施和服务举措，解决农民工的就业问题，确保农民工"进得来、用得上、留得住、发展好"的目标实现，积极推进农民工市民化。

第一，积极探索城乡统筹就业机制，全面破除城乡居民就业身份限制、待遇差别，建立了城乡统一的就业服务体系。一方面加强实体人力资源市场建设，大力发展、培育和完善各级各类人力资源市场，建立了人力资源服务机构协调管理机制，形成了城乡统一、平等竞争、规范有序的人力资源市场体系。另一方面加快网上人力资源市场建设，开通了农村劳动者就业服务网上直通车和就业微信公众平

---

① 2016 年威海市国民经济和社会发展统计公报；《2017 年威海市统计年鉴》。

台，统一全市人力资源供求信息采集流程和标准，构建了全市企业用工岗位和求职登记信息大数据中心，实现了信息在服务大厅、服务网站、自助终端和基层服务平台间的互联互通，农村劳动者在家门口就能查询到全市就业信息。在全国率先完成了"人社公共服务一体化信息便民工程"，改革经验被山东省委、省政府和人力资源社会保障部推广。

第二，科学构建分类培训体系，大力实施农民技能培训工程，分类推进抓职业技能提升。针对不同农民工的就业意愿，结合山东省农民工3项行动计划的实施，以提升农民工就业技能为核心，强化农民工的岗前就业技能培训、专项技能或初级技能培训、岗位技能提升和转岗培训，重点开展电子商务、现代服务业、民俗旅游等"政府买单、居民点餐"式特色培训。着眼于威海市经济社会发展和产业发展对高层次复合型技能人才的需求，依托职业院校、技工院校和高级工、技师、高级技师培训基地，以具备一定职业技能的农民工为主，加快实施高技能人才培训。创新培训机制，建立农民工就业工作协调机制，利用成员单位各自优势，统筹做好农民工就业培训工作。积极推行"企业订单＋劳动者选单＋培训机构列单＋政府买单"的培训模式，建立培训、鉴定、就业一体化的就业培训机制。加强培训管理，建立培训机构动态管理和退出机制，对不合格的农民工培训机构定期进行清理整顿。开办"点餐"式专题培训2842期，培训农业转移人口劳动力7.1万人，发放创业补贴1218.59万元，担保贷款7.57亿元。

第三，由制度全覆盖向人人享有转变，以人为本抓用工环境优化。一是将农民工全部纳入公共就业服务和就业政策扶持范围，实行全市城乡统一的招人用人和就业服务制度。二是积极支持企业吸纳农民工就业，增强中小企业、劳动密集型产业和服务业其吸纳农民工就业的能力。对各类企业吸纳农村新增劳动力就业并符合相关条件的，分别给予1000—2000元的一次性就业岗位补贴。三是畅通与农民工群体的交流渠道，开展政策解读与答疑解惑服务。在威海广播综合频道开设"就业时空"宣传栏目，在电视台新闻综合频道推出"就业时空"专题节目，在《威海日报》《威海晚报》开设"就业时空"专版，依托威海人社网站、微信、微博、政务微访谈、就业时空 QQ 群等互联网宣传方式，借助自助终端查询机，全面、及时、准确地宣传就业创业政策，为农民工答疑解惑，积极营造良好的人力资源服务环境。

第四，激活内力抓创新创业引导，鼓励支持农民工自主创业。2014 年出台了《关于进一步加强创业就业工作推进全域城市化市域一体化发展的意见》，每年安排 8000 万元创业带动就业扶持资金等各项创业补贴和 1 亿元的创业担保贷款等扶持政策覆盖全市常住人口，符合条件的城乡创业者均可同等享受；鼓励农村居民到次中心城市、六大重点区域和十个重点镇自主创业，每年给予 1 万元的创业补贴，连续补贴 3 年；构建遍布全市、各具特色的创业孵化体系，为农民工返乡创业、就近创业提供优质的创新创业服务平台；大力开展创业培训，建立集培训、实训、孵化、服务相结合的一体化创业培训机制，强化创业后续跟踪扶持，搭建"一站式"创业服务平台。

（三）创新住房保障机制，实现保障住房无缝全覆盖，提升农民工的住房保障

在城市中有房可住是农民工立足城市的基础，更是农民工转变为市民的基础条件。在农民工市民化过程中，只有解决好农民工的住房问题，才能稳定农民工的就业并保障社会的长治久安。在解决农民工住房问题的过程中，威海市创新住房保障机制，实现了保障住房无缝衔接全覆盖。

第一，实现城镇居民应保尽保。2010 年正式启动公租房试点，不设户籍、财产和收入限制，优先向新就业大学生和外来务工人员出租。2014 年，又出台威海市公共租赁住房管理办法，重点保障本地或外地新进入城区的务工人员、新就业大学生。进一步规范公共租赁住房建设和管理，外来务工人员可持证件参加公开摇号配租，申请公共租赁住房。

第二，率先完成中心城区"城中村"改造。在省内率先大规模推进"城中村"改造，完成了中心城区范围内所有 77 个"城中村"3.3 万户的拆迁改造，惠及群众近 10 万人，率先基本解决中心城区

"城中村"问题。

第三，提出市域农民进城住房保障方式。出台《关于做好市域农村居民进城住房保障工作的意见》，在全国率先提出农民进城住房优惠政策，将新落户到城镇的农村居民纳入城镇住房保障体系。

第四，通过新型社区建设推进就地就近城市化。出台《关于加快推进新型社区建设的实施意见》，按照城市社区标准，配套基础设施和公共服务设施，打造高标准、高水平的农村居民集中居住区。

第五，探索推出了宅基地指标换补贴政策，市区发放补贴1.1亿元，补助居民2200户。

（四）统筹提高社会保障水平，推进社会保障全域覆盖，提高农民工社会保障

农民工的社会保障问题，作为市民化过程中的"稳定器"，不仅是影响农民工自身生计的最重要问题，还关系着社会的稳定与和谐。近年来，威海将推进社会保障全域覆盖作为一项重要民生工程来抓，强力推进，取得了显著的成效。

第一，将医疗、养老保险等和户籍脱钩，在全省率先实现城乡居民基本养老和基本医保制度并轨，参保率超过99%。2012年，城乡居民基本养老保险实现了制度统一。2013年，在全省率先整合新农合和城镇居民医保制度，建立城乡一体的居民基本医疗保险制度。2014年，出台《加快推进社会保险全覆盖工作的通知》，明确外来务工人员可以通过灵活就业方式参加职工基本养老保险、基本医疗保险和生育保险，享受相应社会保险待遇。外地户口居民在威海长期居住，均可参加威海居民基本养老和基本医疗保险。将年满18周岁持证的非本市户籍城乡灵活就业居民，纳入居民基本医疗参保范围，鼓励灵活就业人员通过档案托管等方式参加职工基本医疗保险。2015年教育、社会保障和就业、医疗卫生与计划生育、住房保障等预算支出分别增长17.2%、8.0%、20.9%、30.7%。

第二，社会救助方面，出台《关于进一步建立和完善新型社会救助体系的实施意见》，将本市户籍困难居民和农业转移人口全部纳入社会救助保障范围，符合条件的外来务工人员可以在居住地申请最低生活保障。

（五）不断完善外来务工人员子女接受义务教育的保障机制，推动义务教育优质均衡发展

随迁农民工子女能在城市接受良好的义务教育，是很多农民工选择外出打工的直接因素，也是他们最大的心愿，是农民工市民化的重要内容。威海市通过不断完善外来务工人员子女接受义务教育的保障机制，推动义务教育优质均衡发展，实现全国义务教育发展基本均衡县"满堂红"。

第一，确立"以促进公平为导向，以提高质量为核心，以城乡一体为目标"的义务教育优质均衡发展战略，推动义务教育优质均衡发展。不断完善外来务工人员子女接受义务教育的保障机制，充分考虑农民工市民化因素，超前规划了重点区域中小学布局及学校规模，将对农民工子女的义务教育纳入当地教育发展规划，列入教育经费预算，为所有外来务工人员子女建立学籍档案，外来务工人员子女在入学、会考、毕业鉴定、升学考试、录取等方面，都与本地学生享有同等资格。

第二，实行市域内校长和教师定期交流轮岗制度，探索建立中小学片区一体化、城乡联片学区、城乡教育共同体等城乡学校合作发展模式，完善以居住证为主要依据的随迁子女入学政策，小学、初中全部推行"划片招生、就近入学"，实现全国义务教育发展基本均衡县"满堂红"，保证进城农民子女接受公平教育。截至 2018 年 9 月，共有 5.5 万余名进城务工人员子女在威海市学校接受义务教育，占义务教育总人数的 28.84%。

（六）推进公共服务全域均衡，健全人口市民化激励机制，推动农民工的社会融入

第一，推进公共服务全域均衡，实现基本公共服务覆盖常住人口。2012 年以来，威海市坚持把人的城市化作为根本出发点，以"同城同待遇"为目标，围绕"全域城市化、市域一体化"战略，逐步剥离附着在户籍制度上的教育、医疗、就业、住房等一系列社会福

利，全面推进城镇基本公共服务由主要对本地户籍人口提供向对常住人口提供转变。2015 年为把"全域城市化、市域一体化"推向高层次、高水平，针对外来人口，以居住证为载体，通过持续增加居住证绑定权益，解决不愿落户和不满足落户条件人群的基本公共服务问题。目前，义务教育、就业创业、社会保障、基本医疗、住房保障、社会救助等基本公共服务基本覆盖了市域常住人口，全体居民享受到更顺畅、便捷的公共服务。创新创业氛围进一步浓厚，城镇失业人员、农民工、新成长劳动力免费接受基本职业技能培训覆盖率达到95％以上。社会保障体系不断完善，全市城镇职工基本养老、基本医疗、失业、工伤和生育保险实现应保尽保，居民基本养老保险实现了城乡全覆盖，居民基本医疗保险实现了市域全覆盖。医疗卫生服务水平进一步提高，人均卫生资源、主要健康指标持续保持全省领先，实现了生育保险城乡全覆盖和生育费用"零负担"。全市范围内实现了无差别、均等化的义务教育，农民工随迁子女接受义务教育比例达到100％，所辖区市全部创建为国家"义务教育发展基本均衡县（市、区）"。

第二，健全人口市民化激励机制，推动农民工的社会融入。2016年，威海市出台了《关于建立财政转移支付同农业转移人口市民化挂钩机制的意见》，通过进城农民工随迁子女接受义务教育奖励资金，支持流入地政府承担起提供义务教育服务的责任，完善落实符合条件的随迁子女在流入地享受普惠性学前教育和中等职业教育免费政策，义务教育和职业教育中涉及学生政策的转移支付，按在校生数及相关标准核定。在安排就业创业专项资金时，将城镇常住人口和城镇新增就业人口作为重点分配因素。将农业转移人口纳入城镇社会保障体系，实施统一规范的城乡社会保障制度。在制定城镇保障性安居工程任务规划和年度计划时，考虑农业转移人口市民化因素。分配其他转移支付时，加大对吸纳农业转移人口较多区市的扶持力度。将企业职工五险和居民基本养老和医疗保险纳入市级统筹范围，在全市执行统一的筹资政策、支付政策、衔接政策和基金管理政策，有效解决了农民进城的后顾之忧。

二 重庆市推进农民工市民化工作的经验

重庆是中国中西部经济发展的重镇，是中国四个直辖市之一，也是中西部地区唯一的直辖市，面积为8.24万平方千米，辖38个区县。近年来重庆市以推动户籍制度改革为抓手，将农民工纳入公共服务对象，在推进社会保障、住房保障、农民工随迁子女教育等公共服务向农民工覆盖方面进行了积极的探索和实践，形成了一系列具有地方特色的农民工市民化的重庆做法和实践，其农民工市民化工作为全国提供了许多有益的经验。大量农民转户进城，落户城镇，拉动了生活消费，增强了经济发展动力，打破了城乡资源流动壁垒，促进了城乡要素合理流动，有力推动了城镇化、工业化的发展，促进了社会的公平和谐。2015年，全市户籍人口3372万人，常住人口3017万人，户籍人口和常住人口城镇化率分别达到44.6%和60.9%，均高于全国5个百分点左右。在已落户的436.6万人中，农民工及其家属360万人，占82.7%，体现了绝对主体地位。总体上以劳动年龄阶段农民工及其新生代为主体，16—60岁的转户人员达291万人，占66.6%，较好地满足了城镇化及产业发展需要。2016年，国家发展改革委办公厅印发新型城镇化系列典型经验《农业转移人口市民化案例》（发改办规划〔2016〕2659号），重庆市作为全国城镇化工作15个典型地区之一，其"产业跟着功能走、人口跟着产业走、建设用地等要素跟着产业和人口走、公共服务跟着功能和人口走"的农民工市民化经验做法在全国推广。

（一）坚持产城融合，夯实农业转移人口市民化基础

第一，实施五大功能区域发展战略，优化空间格局。将市域范围划分为都市功能核心区、都市功能拓展区、城市发展新区、渝东北生态涵养发展区和渝东南生态保护发展区五大功能区域。其中都市功能核心区、都市功能拓展区、城市发展新区这三个资源环境承载能力较强、发展基础较好的区域，共同构成重庆大都市区，将其作为集聚产业和人口，推动国家中心城市和培育城市群建设的核心载体；渝东北

生态涵养发展区和渝东南生态保护发展区，坚持"面上保护、点上开发"，有序地减载人口，促进城镇化特色发展（陈和平，2016）。着力推动渝东北生态涵养发展区、渝东南生态保护发展区人口向城市发展新区、都市功能拓展区转移。促进人口合理分布，使产业发展、城乡结构与资源环境相协调，实现全市资源利用最优化、整体功能最大化的战略目标（国家发展改革委，2016）。

第二，推动产城融合，强化新型城镇化发展支撑。坚持"产业跟着功能定位走、人口跟着产业走、建设用地跟着人口和产业走"的理念，保障人口分布与产业布局、资源环境相协调，科学地配置资金、建设用地等资源要素，同步完善配套公共服务设施。促进两江新区健康发展，推动高新区、经济技术开发区等向城市功能区转型，新建一大批聚居区，促进以产兴城，产城互动（陈和平，2016）。

第三，实施功能区差异化落户政策，促进人口合理布局。按照分阶段推进、分区域布局的思路，先集中解决存量，再逐步解决增量，稳妥有序推进户籍制度改革。按照不同功能区域制定落户条件：在都市功能核心区和都市功能拓展区，以务工经商5年和合法稳定住所为基本落户条件，对与战略性新兴产业企业签订劳动合同的落户，可放宽到3年；在城市发展新区，为适应集聚产业人才的需要，务工经商年限放宽到两年；在渝东北生态涵养发展区和渝东南生态保护发展区，按照"面上保护、点上开发"要求，减载人口，务工经商3年以上，具有合法稳定住所的才可以落户。对在一般小城镇落户的，坚持以就业为前提，对产业基础较强的中心镇放开落户限制。分两个阶段实施：第一阶段，2010年8月到2011年年底，边改革边探索，集中解决存量的338.8万符合条件的农民工及新生代农民工转户和户籍遗留问题；第二阶段，从2012年开始，通过系统的制度设计，形成合理流动、权益公平、城乡一体的户籍制度体系，建立比较完善的制度通道，使农民工落户城镇进入常态化阶段。

（二）深化户籍制度改革，切实维护进城落户居民权益

第一，放开落户条件，减少转户障碍。在落户准入条件上实行了相对宽松的政策，拓宽了政策覆盖面，加速推进市民化进程。一是放宽购房入户条件和投资兴办实业入户条件。重庆籍农民凡在主城区务工经商 5 年以上或购买商品房，或投资兴办实业 3 年累计纳税 10 万元以上或 1 年纳税 5 万元以上的；在远郊区县城务工经商 3 年以上，或购买商品住房，或投资兴办实业 3 年累计纳税 5 万元以上或 1 年纳税 2 万元以上的，均可自愿申请入户。与以往相比在购房入户方面取消了房屋面积和文化程度的限制，投资入户方面纳税额度降低了50%。二是允许租房落户。在全市各区县设立了农转城集体户口，为没有能力购房的农民工转户进城创造了条件。三是放宽了投靠落户条件。对夫妻投靠、年老投靠分别取消了结婚时间和年龄限制；对本市籍优秀农民工及其共同居住生活的配偶、子女自愿转为城镇居民的，取消了居住时间限制。

第二，维护好进城落户农民工权益，提升城市融入能力。调整完善进城落户政策，创新人口管理制度，统一城乡户籍登记，以居住证为载体，推动常住人口基本公共服务全覆盖。将农民工等常住人口纳入住房保障体系，农民工一旦落户城镇，平等享有城市居民应有的福利待遇，要求居民转户进城后享受城市"五件衣服"，一步到位。住房保障方面，探索保障性住房建设管理模式，公租房在全国率先打破城乡、地域和户籍限制，将进城稳定就业的农民工和转户居民立即纳入保障范围；养老保险和医疗保险方面，建立统筹城乡社会保障机制，实现社会保障制度全覆盖和五大社会保险的市级统筹、城乡居民养老保险和合作医疗保险一体化、农民工养老保险和城镇职工养老保险待遇统一，实现跨区域、跨险种的衔接，严格要求用工单位按城镇职工标准为农民工缴纳社会保险费用；随迁子女教育方面，落实平等教育待遇，坚持"两为主"（以输入地政府管理为主，以公办全日制中小学为主）、"两纳入"（纳入区域教育发展规划，纳入教育经费保障范围）原则，妥善安排农民工随迁子女接受义务教育，且取消赞助费，就近免费入学。就业方面，在政策设计时将有一定工作年限作为落户基础，保证了转户居民有一定的就业能力；对部分就业困难人员，开发公益性岗位予以托底安置。

第三，全面保障农民工在农村的原有农村合法权益，消除市民化的后顾之忧。充分尊重农民意愿，其在农村"三权"是否退出、怎样退出、何时退出，完全由进城落户居民自主决定。农民工进城落户后，在退出农村土地前，可以继续享受与土地相关的 9 项权益，同时继续保留与农民身份相关的 26 项附加权益。坚持依法、自愿、有偿原则，允许进城落户居民依法处置宅基地和承包地。引导农民自愿将闲置、废弃的农村建设用地复垦为耕地，对进城落户农民工退出的宅基地，可通过"地票"制度实现财产收益，宅基地收益由农户与集体按 85∶15 分成。探索试点农村宅基地、林地、承包地、集体财产和收益分配权"四权"退出机制，积极推进农村产权抵押融资等试点，增加进城落户居民财产性收益。对自愿退出承包地的，按本轮承包期内剩余年限和年平均流转收益标准给予补偿。

（三）深化改革创新，形成农民工市民化制度安排

第一，建立农民工市民化成本合理分担机制。针对成本分担多主体、长周期的特点，形成政府、用工企业、个人三方分担机制。重庆市经过测算，每转一个农民工进城成本约为 10 万元，户籍改革第一阶段 300 多万人约需成本 4000 亿元。城市基础设施和基本公共服务投入由政府承担，约占 30%；养老、医疗等社会保险成本，新增缴费部分由企业承担，约占 40%；个人缴纳社会保险费用、退出宅基地、承包地等成本均需落户居民自担，约占 30%。将地票收入作为落户居民自担成本的重要来源，可通过地票交易、流转等市场方式实现资金平衡。

第二，创新新型城镇化的投融资机制，建立财政转移支付与农民工市民化挂钩机制。出台《关于改革和完善市对区县转移支付制度的意见》（渝府发〔2016〕10 号）。对人口集聚地以常住人口作为测算基础，并充分考虑其因承接转移人口在公共服务领域所增加的成本；对人口输出地则以户籍人口作为测算基础，确保两个生态发展区相关转移支付规模不减、保障更优；将城镇化率变动情况作为激励因素纳入转移支付测算，激励区县推进人口梯度转移。坚持利益共享、风险共担，推动国有建设投资公司运作模式向 PPP 模式转变，2016 年签约项目 39 个，总投资 2600 亿元。发挥财政资金的引导效应，设立总共 800 亿元的战略性新兴产业引导基金，已完成投资 100 亿元，带动项目总投资近 700 亿元。

第三，建立农业转移人口市民化激励机制。科学地划分人口减载区和人口聚居区，以点对点，点对片、片对片的方式，建立劳动力转移对口联系、定向招工激励、引导新生代的农民转移、转移人口落户、公共政策激励、工作协调六大机制，将人口转移情况作为财政一般性转移支付分配的重要因素。完善优化土地要素配置等 14 个支撑措施，促进城镇落户人口总量平稳增长，落户区域合理分布。

三 梧桐湖新区农民就近就地市民化经验①

梧桐湖新区位于湖北省东部地区，地处"武、鄂、黄、黄"城市发展带的中心位置，东接百里长港，南邻 42 万亩的梁子湖，西临武汉光谷科技新城，北接红莲湖旅游新城，是"两型"社会综合改革示范区建设的重要项目，是鄂州市"一主三新十特"发展格局的重要组成部分。新区规划面积 44.2 平方公里，建设周期从 2009 年至 2018 年，下辖 4 个行政村，28 个自然湾，56 个村民小组，常住人口 3810 户，14026 人，是鄂州市 7 个新区之一。以打造"三区一城"（"两型"社会综改区核心展示区、大梁子湖生态旅游度假区的启动区、省级绿色示范区、国际一流滨湖生态城）为目标，致力于建设中部地区知名的文化创意、科技研发、生态旅游为主导产业的宜居新城。

2009 年 4 月，鄂州市政府与湖北省联合发展投资集团有限公司签订《梧桐湖新区开发建设合作协议》，共同组建湖北省梧桐湖新区投资有限公司，明确以"政府引导、市场化运作"的合作原则对新区 50 平方公里的土地进行整体开发，共同推进新型城镇化示范项目建设。4 年来，梧桐新区从一片荒芜的沼泽地到如今的生态科学城拔地

---

① 鄂州市政府：《梧桐湖新区》，2018 年 5 月 24 日，中国鄂州人民政府网站（http：//www.ezhou.gov.cn/info/2018/C052425203.htm）；云海电商：《梧桐湖新区开启被征地农民就近就地市民化新样本》，2017 年 8 月 7 日，搜狐网（http：//www.sohu.com/a/162819818_99919277）；鄂州市政府：《梧桐湖新区打造市民化改革示范区》，2018 年 6 月 13 日，中国鄂州人民政府网站（http：//www.ezhou.gov.cn/info/2018/C061395112.htm）。

而起，面貌发生了巨大变化。新区累计完成投资40.2亿元，完成100万平方米的建筑面积施工任务，"三纵三横"路网格局成型，水、电、气等基础配套设施建设全面启动，新区项目承载力不断提高，对外影响力不断彰显。2017年，梧桐湖新区科技小镇入选湖北省首批特色小镇创建名单。

新区建设以来，梧桐湖新区认真贯彻落实"共享"发展理念，推进"开放"发展模式，以被征地农民就近就地市民化为改革主线，以集体资产股份制改革、社会保障创新、撤村并居和户籍改革4项改革集成为核心，有效破解土地开发利用和农民长远发展难题，重构了被征地农民与农村、城镇间的社会经济关系，为其他新区推进被征地农民就近就地市民化提供了参考样本。2018年以来，梧桐湖新区又加大统筹城乡发展力度，着力打造市民化改革示范区，让广大群众过上了更加舒心、舒适的生活。本书从户籍制度改革、养老保险制度、集体资产股份制改革和撤村并居改革方面，总结梧桐湖新区就近就地市民化的具体经验。

（一）推进户籍制度改革——重构农民与城镇福利待遇关系，吸引被征地农民就地落户

梧桐湖新区通过深入推进户籍改革，创造更优的公共服务，拉平城乡待遇差距等政策吸引被征地农民就地转户，有效解决了非转农的"逆城镇化"问题。2017年，原大垅村3100人已顺利转户，具体措施如下。

第一，用优质公共服务吸引被征地农民转户。高起点、高规格规划建设学校、医院、文体等公共服务配套设施，采取战略合作方式引入建设华中师范大学梧桐湖附属学校、省人民医院梁子湖区医院等优质资源，全面提升基本公共服务质量和水平，让新区范围内1600多名学生、15000余人享有更好、更优的就业、教育、医疗等公共服务资源。

第二，用同等福利待遇吸引被征地农民转户。在教育、医疗、社保等公共服务一体化基础上，全面清理户籍背后的就业创业、社会救助、优待抚恤等领域城乡二元待遇差距，着力填平户口上附着的待遇鸿沟，让已入住转户的被征地农民尽快享有城市居民待遇。如原来享受农村低保待遇的 42 名贫困户，先行享受了每月 500 元的城市低保待遇。

第三，用持续民生改善吸引被征地农民转户。推进户籍制度改革不仅是"一纸之变"，更需要真金白银的投入。2018 年 6 月，梧桐新区已累计安置被征地农民 1925 户，6800 余人，引导居民变更户籍2000 余户，被征地农民集中安置区纳入城镇社区管理体系。全面导入城市优质资源和服务管理模式，加快梁子湖区人民医院、梧桐湖社区综合农贸市场、公立幼儿园、公共厕所等便民项目建设，以优质公共服务吸引被征地农民转户落户。

（二）创新养老保险制度——重构农民与土地保障依赖关系，解除被征地农民的后顾之忧

第一，从制度安排上确保被征地农民老有所依。鄂州市委、市政府高度重视被征地农民养老保险工作，制定《关于进一步做好被征地农民养老保险工作的实施意见》（鄂州政发〔2016〕16 号），严格执行"先保后征"，对一次性养老保险补偿不到位的不批准用地，让被征地农民在征地前就可获得养老保险补偿。

第二，从补偿标准上确保被征地农民老有所依。建立被征地农民养老保险补偿金和农村居民可支配收入挂钩机制，明确一次性补偿基准不低于上年度农村居民可支配收入的 3 倍。

第三，从资金筹集上确保被征地农民老有所依。建立被征地农民一次性养老保险补偿金筹集的三大渠道，即按每亩 1.5 万元标准向用地单位征收社会保障费，从政府每年土地出让纯收益中提取 5%，从村集体提取的每宗土地补偿费中列支 15%，有效解决了被征地农民的养老保险补偿金来源问题。

（三）开展农村产权制度改革——重构农民与集体经济组织关系，保障被征地农民原有权益

梧桐湖新区以大垅村为试点，通过探索，形成了一套科学合理、规范有序的改革操作流程，并成立了梧桐湖社区第一经济股份合作

社，集中精力发展村级集体经济。

第一，清产核资、摸清家底。以梧桐湖社区农村集体资产产权制度改革为示范，加快推进鲱洲、月山等村开展集体资产产权制度改革。实行资地分开，先后完成了对非土地资产清产核资、清人分类、配置股份等工作，成立梧桐湖社区第一经济股份合作社，每年定期向被征地农民发放分红股息。

第二，清人分类、界定人员。大垅村在清人分类中，严格把握三个标准：截至改制之日户口在册、截至改制之日人仍健在、与村集体有利益分配关系。在此基础上，最终将3693人分为16类，其中3338人享有配股权。

第三，量化配股、分配到户。在股权配置上，大垅村设立95%个人股和5%的集体股。为公平合理配置股权，大垅村将村民细化成配股又分红、配股不分红和既不配股又不分红3类人员。常住人口原始股每人20股并参与分红；婚后未迁出户口的"闺女户"、离异、再婚人员、领养等特殊人员，配1股给予照顾，不参与分红；出嫁女、挂开户、公务员等人群不配股不分红。大垅村总股数共68202股，一次性量化配股后随即固化产权，做到"生不增，死不减，进不增，出不减"。建立"公司＋农户"就业保障机制，完善联诚公司、联垅公司等公司股权结构，促进村级集体经济壮大。结合企业用工需求，定期组织家政、环卫等就业技能培训，并就近安排被征地农民及贫困户就业。截至2018年6月，已有1600余人在新区上岗就业，人均月工资达到2100元。

（四）推行撤村并居改革——重构农民与基层自治组织关系，引导居民适应社区新生活

为避免产生"城中村"等新的二元结构，梧桐湖新区以大垅村为试点，推进撤村并居，全面导入城市优质资源和服务管理模式，推动实现被征地农民变居民的华丽转身。

第一，破解撤村并居改革阻力。新区采取撤小建大、逐步合并的策略，先行推动被征地农民整体融合，淡化被征地农民与原村间的特殊情结，从而有效减小改革阻力、实现撤村并居目标。

第二，重构基层社会组织体系。新区彻底打破二元治理格局，实行政经分开、政社分开。全面导入城市社区治理模式，积极调动居民的参与热情，构建起以社区党委为核心，以居委会、便民服务中心、网格管理站为依托，以业主委员会、物业公司、社区股份合作社等为支撑的社区组织网络体系，重构适应被征地农民服务管理需求的新型组织体系。

第三，引导居民参与社区共治。以基层党建为核心，将原大垲村122名党员划分成10个党小组，在网格基础上推行党建+民主自治、党建+服务下沉、党建+综合治理，建立起"党建+网格"模式，全面引导居民参与社区共治，将"解散"后的被征地农民重新整合组织起来，不断提升农民变居民后对新社区的认同感和归属感。引导居民参与社区共治。

附 录 一

农民工市民化与职业教育调查问卷

亲爱的朋友：

您好！

我们正在做一项有关农村外来流动人口的社会调查，特邀请您参加本次调查，谢谢您的支持和合作！

本问卷的主要内容是关于目前在城市里就业和生活的外来劳动者的基本情况的。调查的目的是了解大家在就业和生活各个方面的基本情况和需要，以便为国家制定相关政策提供参考。调查不记名，所有资料都只进行统计处理，而不做个案分析。因此这项调查不会对您造成任何伤害。同时，这项调查没有任何商业或赢利的目的。我们希望您积极配合我们填答此问卷，以帮助政府做出科学决策。

［请非本地城市户籍、农村居民户口（户籍改革以前是农业户口）、有非农工作经历的城市务工人员作答］

山东管理学院《农民工问题研究》课题组

2014 年 8 月

A　个体基本情况

A01 您的性别：

　　1．男　2．女

A02 您是什么时候出生的？

　　1．"60 后"　　2．"70 后"　　3．"80 后"　　4．"90 后"

A03 您是哪个民族？

　　1. 汉族　　2. 少数民族（请注明）

A04 您的户籍所在地：_____省（直辖市、自治区）_____

　　（市）_____县（区）

A05 您的受教育程度是（包括自考、成考）：

　　1. 小学及以下　　2. 普通初中　　3. 普通高中

　　4. 技校/中专/职业高中　　5. 大专/高职　　6. 本科及以上

A06 请问您所在单位的性质：

　　1. 国有企业　　2. 国家行政事业单位　　3. 集体企业

　　4. 二资企业（中外合作、中外合资、外资独资）　　5. 私营企业

　　6. 个体　　7. 无内定单位

A07 目前您所从事的行业：

　　1. 制造业　　2. 建筑业　　3. 批发和零售业　　4. 住宿和餐饮业

　　5. 家政保安　　6. 其他

A08 您目前从事的主要职业是：（单选）

　　1. 普通打工者（如：流水线作业工人、文员、辅助性工勤人员、工矿企业打工者等）

　　2. 服务行业人员（如：保安、保姆、厨师、服务员、理发员、传货员、司机等）

　　3. 个体经营者（如：私营业主、小商小贩）

　　4. 技术工人（不同等级的技术工人）

　　5. 管理人员（如：车间主任、工段长、班组长、领班等）

　　6. 项目承包人员（如：工头等）

　　7. 其他（请写明）_____

B　社会融入

B01 您会说所在城市的方言么？

　　1. 听不懂　　2. 仅能听懂　　3. 会说

　　或：您会说普通话么？

　　1. 听不懂　　2. 仅能听懂　　3. 会说

B02 您的穿着打扮是什么风格的？

1. 农村风格　2. 老乡说我比在农村时洋气了许多

3. 城里人风格

B03 遵守家乡的风俗（比如婚、丧、嫁、娶的风俗）对您来说比较重
要么？

1. 非常同意　2. 同意　3. 既不同意，也不反对

4. 不同意　5. 非常不同意

B04 您是否熟悉本地（所居住城市）特有的风俗习惯？

1. 几乎不熟悉　2. 熟悉一些　3. 大部分熟悉　4. 很熟悉

B05 保持家乡的生活方式（如饮食习惯）对您来说比较重要么？

1. 非常同意　2. 同意　3. 既不同意，也不反对

4. 不同意　5. 非常不同意

B06 您经常从报纸或互联网上获取新闻信息么？

1. 从不　2. 偶尔（很少）　3. 经常

B07 与女孩相比，您觉得男孩应该多读些书么？

1. 非常赞成　2. 有点赞成　3. 无所谓　4. 有点反对

5. 非常反对

B08 您认为一个人的成功主要靠什么？

1. 靠运气　2. 努力＋运气　3. 自身努力

B09 您在工作和生活上经常做计划么？

1. 从来不做计划　2. 仅很少事情做计划　3. 大多数事情做计划

B10 您与朋友（客户）约见，您认为多少分钟后不到就算迟到？

1. 半小时以上　2. 10分钟以上　3. 5分钟以上

B11 您目前每月的收入大概在（基本工资＋奖金＋加班费）

1. 1200元以下　2. 1200—1800元　3. 1800—2200元

4. 2200—2900元　5. 2900元以上

B12 目前的单位有过拖欠工资的情况吗？

1. 经常　2. 较频繁　3. 偶尔　4. 从未有过

B13 您在城市居住在？

1. 工棚　2. 集体宿舍、亲戚或朋友家里　3. 自租房

4. 自购房　5. 其他（请注明）＿＿＿＿＿＿

B14 您在当前城市的居住环境：

1. 相对独立的外来人口聚居地
2. 周围是济南市市民的居住小区
3. 济南市市民与外地人的混合居住区
4. 其他（请注明）_____

B15 您在当前城市的住房（或住处）的电、自来水、煤气／液化气、暖气、厨房（包括室外合用）、厕所（包括室外合用）、洗澡设施（包括室外合用）情况：

1. 只有水、电　　2. 有水、电、厨房、厕所
3. 有水、电、厨房、厕所、洗澡设施
4. 有水、电、厨房、厕所、洗澡设施、煤气／液化气
5. 全有

B16 您是通过何种方式找到工作的？

1. 老家亲朋好友等其他个人关系　　2. 家乡地方政府帮助联系
3. 职业中介机构介绍　　4. 自己在人力资源市场找的
5. 学校介绍或帮助推荐　　6. 网上求职
7. 通过报纸、广播、电视等新闻媒体获得的信息

B17 您在最近一年平均每个月的休息时间是：

1. 没有休息时间　　2.1 天　　3.2 天　　4.3 天　　5.4 天及以上

B18 在您现在的工作岗位上每天平均工作多少小时？

1. 12 小时以上　　2. 10 —12 小时　　3. 8—10 小时
4. 不超过 8 小时

B19 您与工作单位是否签劳动合同？

1. 既没签书面合同，也无口头约定　　2. 没签，但有口头约定
3. 签了书面合同

B20 公司是否为您缴纳五险一金（工伤保险、医疗保险、养老保险、失业保险、生育保险和住房公积金）？

1. 以上保险均无　　2. 只有工伤保险
3. 三险（工伤保险、医疗保险、养老保险）
4. 三险一金　　5. 五险一金

B21 平时与您交往的朋友中大部分是？

1. 一起出来打工的老乡　　2. 打工时结识的朋友

3. 打工地本地人

B22 目前您与居住地本地居民的交往情况如何？

　　1. 没有与当地人住在一起　　2. 几乎没有交往　　3. 交往很少

　　4. 交往一般　　5. 交往很多

B23 工作之余，您主要做什么？（可多选，不限项）

　　1. 找一些朋友喝酒、打牌　　2. 睡觉

　　3. 洗衣服，整理自己的内务　　4. 看书读报或上网

　　5. 逛街、打台球、游玩、打电子游戏等活动

　　6. 学习、参加一些职业培训等

B24 单位组织一些文体活动供员工们娱乐吗？（比如配备供员工娱乐的设施、组织运动会、旅游等）

　　1. 从未组织过　　2. 偶尔组织　　3. 有，较频繁　　4. 有，经常

B25 据您所知，务工人员租住房屋的小区平时会组织一下活动让务工人员参加吗？

　　1. 从来没参加过　　2. 几乎没有　　3. 有，很少　　4. 有，经常组织

B26 下列说法哪一种更符合您的想法？

　　1. 我是农村人　　2. 我既不是城市人，也不是农村人

　　3. 我娃是城市人　　4. 我是城市人

B27 如果条件允许，您想留在城镇吗？

　　1. 基本不想　　2. 不太想　　3. 一般　　4. 比较想　　5. 非常想

B28 您感觉城里人怎么看待农民工？

　　1. 瞧不起我们　　2. 不知道，没注意过　　3. 比较尊重

B29 您愿意和城里人交朋友么？

　　1. 讨厌城市人　　2. 无所谓　　3. 愿意

C　教育培训

C01 您出来打工的最主要原因是？（必选）

　　1. 没考上高中或大学　　2. 没希望考上高中或大学

　　3. 亲戚朋友都出来打工了，我就跟着出来了

　　4. 想出来见见世面，闯一闯　　5. 为了赚钱养家

　　6. 其他：＿＿＿＿＿＿＿＿

C02 您觉得自己找工作的最大困难是：（必选，最多选 3 项）

　　1. 没困难，我很好找工作　　2. 缺乏专业技术或技能

　　3. 相关工作经验　　4. 没有正式的职业资格证书

　　5. 文凭低　　6. 不会讲普通话或本地话

　　7. 就业政策不优惠　　8. 社会对我这种人有歧视心理

　　9. 缺乏相关就业信息和资源　　10. 身体素质差

　　11. 人际关系差　　12. 其他：＿＿＿＿＿＿＿＿

C03 您有职业资格证书吗？（若有多个，按最高程度填）（必选）

　　1. 没有　　2. 初级（国家职业资格五级）

　　3. 中级（国家职业资格四级）及以上

C04 来城市就业前，您参加过家乡地政府、学校组织或减免学费的培训吗？（必选）

　　1. 参加过（跳答到 306 题）　　2. 没有参加过

C05 如果没有参加政府、学校组织或减免学费的职业培训，主要原因是？

　　1. 我不知道有这样的培训

　　2. 听说有类似培训，但我不知道怎么去报名参加

　　3. 我负担不起培训费　　4. 我不愿意交培训费

　　5. 培训内容没有我所需要的

　　6. 我感觉培训效果差，学不到东西

　　7. 报名手续太烦琐　　8. 我没有时间、精力去学习

　　9. 我不回老家或回老家时间短　　10. 其他：＿＿＿＿＿＿＿＿

C06 您觉得培训中最大的问题在哪里？（必选，最多选 3 项）

　　1. 培训内容不实用　　2. 教学方式不合适　　3. 教学设备设施不好

　　4. 培训教师素质不高　　5. 实践操练不到位　　6. 培训时间太短

　　7. 没有足够的补助　　8. 不推荐就业　　9. 培训时间段安排不合适

　　10. 培训地点不方便　　11. 其他：＿＿＿＿＿＿＿＿

C07 近 3 年，您参加过务工单位组织的培训项目或课程吗（可多选）？（必选）

　　1. 没有参加过任何培训

　　2. 参加过上岗前的一般性岗前培训（请您作答第 C08 题）

3. 为提高生产技术的技术培训

4. 为提高管理能力的管理类培训

5. 宣讲企业文化的讲座　6. 教人适应城市生活的培训

7. 文化知识补习类培训　8. 其他类型培训

C08 如果您参加过上岗前的一般性岗前培训，大约是多少天？（最少0字，最多50字）

_____

C09 未来2年，您有参加技能或学历学习的计划吗？（必选）

1. 有　2. 没有

C10 如果想学习技能，您觉得会选择哪种方式？（必选）

1. 1—3年的全日制职业教育　2. 社会上交钱的培训

3. 政府免费的技能培训　4. 工作时边干边学

5. 其他：_____

C11 您最希望政府部门在哪些方面提供教育服务？（必选，最多选3项）

1. 提供免费的技能培训　2. 做好就业信息服务

3. 如果技能等级达到一定级别，可以在务工地落户

4. 帮助子女在务工地上学

5. 为农民工建立人事档案积累职业发展资质

6. 开放城市的中等/高等职业教育

7. 监督企业能够定期给我们培训　8. 其他：_____

农民工市民化基本情况调查问卷

亲爱的朋友：您好！

　　本问卷是山东管理学院承担的山东省社会科学规划课题的调查项目，目的是掌握农业转移人口市民化的基本情况，为政府制定相关政策提供决策参考。问卷不涉及商业用途，所有回答不存在对错之分，请如实填写，我们保证严格保密所填的信息，感谢您的合作！

A 基本情况

A01 性别

    A. 男（　　　　）　　B. 女（　　　　）

A02 您的出生年月（公历）：

    _____年_____月

A03 您的婚姻状况

    A. 未婚　B. 已婚　C. 离异　D. 其他

A04 您的子女状况

    A. 无子女　B. 1 个　C. 2 个　D. 3 个及以上

A05 您的教育程度

    A. 未上过学　B. 小学　　C. 初中　D. 高中或中专

    E. 大专及以上

A06 您的户籍所在地

    _____省_____市

A07 您的务工所在地

    _____省_____市

A07 您的家庭成员数量（包括父母、子女、夫妻）

    A. 1 个　B. 2 个　C. 3 个　D. 4 个　E. 5 个　F. 6 个以上

A08 2016 年出乡（镇）就业的家庭成员数量

    A. 0 个　B. 1 个　C. 2 个　D. 3 个　E. 4 个　F. 5 个以上

B 就业情况

B01 您本人初次外出就业的年龄

    A. 不足 20 岁　B. 20—29 岁　C. 30—39 岁　D. 40—49 岁

    E. 50 岁以上

B02 到目前为止，您累计外出打工的年数

    A. 3 年以下　B. 4—9 年　C. 10—14 年　D. 15—19 年

    E. 20 年以上

B03 在您选择就业单位时，主要考虑的是什么（限选 3 项）

    A. 经济发达的城市　　　　B. 适合自己的能力、性格

C. 利于施展自己的才华　　D. 行业有发展前景

E. 符合自己的兴趣爱好　　F. 单位工资高、福利好

G. 单位知名度高　　　　　H. 专业对口　I. 工作压力小

J. 工作稳定性高　　　　　K. 晋升机会多　L. 工作环境好

B04 您对目前的就业岗位是否满意?

A. 非常满意　B. 有点满意　C. 说不清楚　D. 较不满意

E. 不满意

B05 您是如何获得这次就业机会的?

A. 人才招聘会　B. 亲友推荐　C. 报纸、电视招聘广告

D. 网站招聘　E. 其他

C 收入情况

C01 您每天工作的时间

A. 8 小时以下　B. 8 小时　C. 8—10 小时　D. 10—12 小时

E. 12 小时以上

C02 您每个月工资发放情况

A. 按月正常发放　B. 每个月发上个月的工资

C. 每个季度或半年集中发一次（平时发些生活费用）

D. 经常拖延，不固定

C03 您个人 2016 年到手的总收入

A. 3 万元以下　B. 3 万—4 万元　C. 4 万—5 万元

D. 5 万—6 万元　E. 6 万元以上

C04 您家庭 2016 年到手的总收入

A. 5 万元以下　B. 5 万—6 万元　C. 6 万—7 万元

D. 7 万—8 万元　E. 8 万元以上

C05 您现在的收入是否满足个人生活需要?

A. 不满足　B. 基本满足　C. 有结余

D 支出情况

D01 个人在目前务工地每月的生活费用（包括衣食住行及通讯等）总
支出（元/月）

A. 500 元以下　　　B. 500—1000 元　C. 1000—2000 元

D. 2000—3000 元　E. 3000 元以上

D02 您和您的家庭在务工地每月的生活消费（包括衣食住行及通讯等）支出（元/月）

A. 1000 元以下　B. 1000—2000 元　C. 2000—3000 元

D. 3000—4000 元　E. 4000 元以上

D03 您个人 2016 年在外务工的净结余

A. 1 万元以下　　　B. 1 万—2 万元　C. 2 万—3 万元

D. 3 万—4 万元　E. 4 万元以上

D04 您平均每年承担家庭的基本生活支出大概是多少？

A. 5000 元以下　B. 5000—10000 元　　C. 10000—15000 元

D. 15000—20000 元　E. 20000 元以上

E 居住情况

E1 您目前在务工地的居住性质

A. 自购商品房　B. 自购的经济适用房　C. 政府提供的廉租房

D. 自己租的房子　E. 单位提供的宿舍　F. 其他

E2 您目前在务工地居住的房屋类型

A. . 成套的单元房　B. 普通平房　C. 简易宿舍　D. 地下室

E3 您未来的打算

A. 在务工所在地的城镇定居　B. 在务工所在地的城市定居

C. 回家乡的城市定居　D. 回离家近的小城镇定居

E. 回农村定居并改善农村居住条件　F. 还没有决定

F 享受公共服务情况

F1 您的子女教育情况（无子女的不用填）

A. 在务工地公办学校接受教育且不收借读费

B. 在老家的学校接受教育

C. 在务工地公办学校接受教育但要收借读费

D. 在务工地民办学校接受教育

F2 您对子女教育的期望（无子女的不用填）

A. 提高老家学校的教学质量　　B. 在务工地公办学校接受教育

C. 参加务工地的中考和高考　　D. 在务工地民办学校接受教育

F3 目前企业雇主或单位为您提供的保险及其他保障有（可多选）

A. 养老保险　　B. 基本医疗保险　　C. 工伤保险　　D. 失业保险

E. 生育保险　　F. 住房公积金　　G. 未参加任何保险

F4 您目前在老家已经参加了哪些社会保险

A. 新型农村合作医疗保险　　B. 农村养老保险

C. 未参加任何保险

F5 到城市后您感觉以下哪些方面得到了明显的改善（限选 3 项）

A. 工资收入　　B. 保险福利　　C. 就业机会　　D. 生活娱乐

D. 身份平等　　E. 子女教育　　F. 住房公积金

G 土地情况

G1 您老家现有承包地面积（以家庭为单位）

A. 没有承包　　B. 1 亩及以下　　C. 1—3 亩　　D. 3—5 亩

E. 5—10 亩　　F. 10 亩以上

G2 您老家现有宅基地面积

A. 没有宅基地　　B. 0.01—0.2 亩　　C. 0.21—0.5 亩

D. 0.51—1.0 亩　　E. 1.01—2.0 亩　　F. 2.0 亩以上

G3 您老家住宅面积

A. 没有住宅　　　　B. 50 平方米以下　　　　C. 50—100 平方米

D. 100—150 平方米　　E. 150—200 平方米　　F. 200 平方米以上

G4 按目前行情，老家住宅约值几万元？

A. 5 万元以下　　B. 6 万—10 万元　　C. 11 万—20 万元

D. 21 万—30 万元　　E. 31 万—40 万元　　F. 41 万元以上

G5 您老家的承包地目前耕种情况

A. 自种　　B. 委托亲友代种　　C. 转租给别人种　　D. 抛荒不种

G6 您老家的承包地若是转租给别人种，每亩每年的租金

A. 300 元以下　　B. 300—500 元　　C. 500—800 元

D. 800—1000 元　　E. 1000 元以上

G7 如果您进城定居，希望如何处置承包地

A. 保留承包地，自己耕种　B. 保留承包地，有偿流转

C. 入股分红　D. 给城镇户口，无偿放弃

E. 给城镇户口，有偿放弃　F. 其他

G8 如果您进城定居，希望如何处置宅基地或房产

A. 保留农村的宅基地和房产，备将来用　B. 有偿转让

C. 置换城里的住房　D. 给城镇户口，有偿放弃　E. 其他

G9 您家庭从老家村集体资产每年能获得的收入

A. 没有集体资产收益　B. 500 元以下　C. 500—10000 元

D. 1000—2000 元　　E. 2000—3000 元　F. 3000 元以上

G10 如果您家需要拆迁改造，您打算在哪里重新安置？

A. 在农村划归的统一住宅区买房

B. 在城镇买房，转成城镇户口

C. 到工作的地方买房，将父母妻儿接来生活，转成城市户口

D. 申请政府划地分配，再自建

H 意愿调查

H1 您对所在打工地总体上满意吗？

A. 很不满意　B. 不太满意　C. 无所谓　D. 基本满意

E. 很满意

H2 您对务工所在地城镇哪些方面不满意（限选 3 项）

A. 社会保险　B. 居住状况　C. 收入水平　D. 医疗条件

E. 工作环境　F. 子女教育　G. 职业技能培训　H. 城市歧视

I. 计划生育服务　J. 户籍限制　K. 社区服务

H3 如果不提供城镇户口，您愿意留在城里吗？

A. 愿意，无论如何都要留在城里

B. 不愿意，干些年回老家定居

C. 无所谓，可以老家和工作地两边跑

H4 如果能够选择，你希望定居在什么地方？

A. 超大城市　B. 特大城市　C. 大城市　D. 中等城市

E. 小城市　　F. 农村　G. 在哪里打工就待在哪里

H5 您是否愿意把户口迁入城市吗？

A. 愿意　B. 不愿意　C. 不知道

H6 您户口不愿迁入城市的原因有？

　　A. 城市生活成本高　B. 城市人歧视农村人

　　C. 思想观念难以融入城市

　　D. 农村将来可能有拆迁收益

H7 您目前最希望政府做的事是什么？（限选 3 项）

　　A. 改善社会保险　B. 提供保障住房或廉租房

　　C. 提高最低工资水平　D. 改善医疗条件

　　E. 改善工作和生活环境　F. 改善子女教育条件

　　G. 加强职业技能培训　H. 加强权益保护　I. 其他_____

　　调查至此结束。感谢您的参与，衷心祝愿您工作顺利、家庭幸福！

附　录　二

移民社会融入理论对农民工社会融入
研究的启示及成果评述 *

从 20 世纪 80 年代早期中国第一波"民工潮"的出现，中国学术界开始研究农民工现象，但起先学者们只是把研究重点放在流动原因、流动规模以及对流入、流出地的发展影响等议题上，农民工本身还得不到关注。近年来，中国城镇化加速发展的趋势，促使大量农民离开土地，从农村转移到城市，学术界对农民工的研究逐渐转移到农民工与城市社会的适应上，农民工的社会融入问题逐渐成为研究的重点，借鉴西方国际移民的社会融入理论，得出了许多颇有价值的研究成果。本文对国外学者对于移民社会融入的定义、维度和移民社会融入影响因素的相关研究成果及国内学者关于农民工社会融入相关研究成果进行回顾与简要评述，为农民工社会融入的后续研究理清思路，提供借鉴和参考。

一　国际移民的社会融入研究综述

（一）多元概念与相关理论

自 20 世纪早期，芝加哥学派学者 Robert E. Park 将移民融入问题引入西方学界的研究视野以来，该领域的研究便受到社会学、管理学、人口学、政治学等学派研究者们的关注，并分别从不同学科

　　* 原文发表于《山东财经大学学报》2015 年第 6 期。基金项目：山东省软科学研究计划项目"新型城镇化下职业教育与农民工社会融入关系研究"（2014RKB01665）。

角度对移民的社会融入问题进行了深入研究。但由于移民社会融入过程本身极其复杂，各学派研究者所采取的研究视角和研究目的又不相同，移民融入概念与内涵多样复杂。综合来看，主要使用的概念有社会适应（social adaptation）、文化适应（acculturation）、同化（assimilation）、社会吸纳（social inclusion）、社会并入（social incorporation）与社会融合（social integration）等。这些概念在不同角度与层面概括和描述移民由流出地社会进入到流入地社会的融入过程与状态，其内涵有的存在明显差异，有的相互重合，有的则缺乏明确的划分界限。

在众多流派中，移民社会融入理论按其基本取向，可以梳理出传统的社会融入理论和非传统的社会融入理论两大类①。传统的社会融入理论由 Park 和 Burgess② 等提出，并经 Milton Gordon③ 发展为经典社会融入理论（Canonical Assimilation Theory），也称"同化论"。Park 和 Burgess④ 认为，融入是"移民和迁入地主流社会相互渗透（inter-penetration）、相互融合（fusion）的过程，最终使不同民族不同文化背景的人生活在一起"。Milton Gordon⑤ 则强调移民为适应迁入地主流社会的新环境而放弃原有的文化传统和观念，将以"中产阶级"（Middle class）或"主流社会"（Main Stream of American Society）为目标而融入到迁入地社会中。Alba and Nee⑥ 在后来的研究中将社会融入的定义进行了修正，使其侧重于"种族差异的减少"。非传统的社会融入理论包括多元文化论（pluralismor multiculturalism）、区隔融

---

① 周皓：《流动人口社会融合的测量及理论思考》，《人口研究》2012 年第 3 期。

② Park Robert Ezra, and Ernest W Burgess, *Introduction to the Science of Sociology*, Chicago: University of Chicago Press, 1921; Park Robert Ezra, "Human Migration and the Marginal Man", *The American Journal of Sociology*, 1928, (6): 881 – 893.

③ Gordon MM., *Assimilation in American Life: The Role of Race, Religion, and National Origins*, New York: Oxford University Press, 1964.

④ Park Robert Ezra, and Ernest W Burgess, *Introduction to the Science of Sociology*, Chicago: University of Chicago Press, 1921.

⑤ Gordon MM, *Assimilation in American Life: The Role of Race, Religion, and National Origins*, New York: Oxford University Press, 1964.

⑥ Alba R, Nee V., *Remaking the American Mainstream: Assimilation and Contemporary Immigration*, Boston: Harvard University Press, 2005.

入论（Segmented Assimilation）、直线融入论（Straight-Line Assimilation）、曲线融入论（Bumpy-LineApproach）、空间/居住融入论（Spatial /Residential Assimilation）等，强调融入的结果并不一定是以"中产阶级"为标准，而可能是多元化的，即移民在适应迁入地主流社会的新环境时同时还保有着自己的文化内核。

（二）社会融入的测量维度

研究者考察移民的社会融入，就必须要思考移民社会融入应包含哪些测量维度的问题，国内学者梁波等[1]将西方文献中关于移民融入维度的研究，综合为三类：Cordon 的"二维"模型、J. Junger-Tas 的"三维"模型和 H. Entzinger "四维"模型。

1. Cordon 的"二维"模型

西方学者对社会融入测量维度的研究起始于 20 世纪 60 年代初 Cordon[2] 对社会融入过程进行的系统划分，Cordon 提出，在衡量族群关系的社会融入程度上应包含：文化同化（Acculturation）、结构同化（Structural Assimilation）、婚姻同化（Marital Assimilation）、族群认同（Identificational Assimilation）、族群行为消除（Behavior-Receptional）、态度认同（Attitude-Receptional-Assimilation）和公共事务融合（Civic Assimilation）7 个维度[3]。这 7 个维度又可以整合为结构融入和文化融入这两个维度，所以又称为"二维"模型。其中，文化融入是指移民群体对迁入地社会的"文化模式"的采用和社会认同的转变，并且文化融入在移民社会融入日程表上居于首位。结构融入则意味着少数族群在流入国社会中，参与核心社会的各种活动，在正式制度与社会组织层面的参与度增加。

尽管 Cordon 的"二维"模型没有具体说明文化融入和结构融入有哪些具体的测量指标，并且还忽略了一些重要维度，但也为研究移民社会融入测量的其他研究者提供了基础。

---

① 梁波、王海英：《国外移民社会融入研究综述》，《甘肃行政学院学报》2010 年第 2 期。

② Gordon MM., *Assimilation in American Life：The Role of Race，Religion，and National Origins*，New York：Oxford University Press，1964.

③ 悦中山：《农民工的社会融合研究：现状、影响因素与后果》，西安交通大学，2011 年。

2. J. Junger-Tas 的 "三维" 模型

J. Junger-Tas[①] 借鉴 Ver-meulen 和 Pennix（1994）的观点，提出了所谓的 "三维" 模型。他认为，移民在流入地社会要面临 3 个维度的融入：社会—文化融入、政治—合法融入和结构融入。结构融入主要涉及移民在主流社会的劳动力市场、住房、收入与教育等方面的境况。社会—文化融入主要指移民少数族群的社会组织的参与、人群间的隔离、群际间的友谊以及迁入地行为模式的融入等。政治—合法融入则主要体现在移民 "公民权" 的研究中，认为移民作为流入地的弱势群体，往往受到社会歧视和种族歧视，而要想改变这种境况，就要赋予移民与当地社会公民同等的相关政治权利，如选举与被选举权利等。

J. Junger-Tas 的 "三维" 模型相比 Cordon 的 "二维" 模型，主要的进步是提出了政治—合法融入，突出移民的政治权利在社会融入中的重要意义，更加清晰具体地突出移民社会融入的内涵。但是，在某种程度上，政治—合法融入所包含的具体测量维度有些体现 Cordon 的结构融入特征，有些则表达了 Cordon 的文化融合的特质，实际上并没有超越 Cordon 二维模型中结构融入与文化融入的二元性。

3. H. Entzinger 的 "四维" 模型

H. Entzinger[②] 用社会经济融入代替了 Cordon 与 J. Junger-Tas 的结构融入，他认为外来移民社会融入的主要内容有：政治融入，主要指移民群体在主流社会取得平等的合法政治身份、政治参与和市民参与等方面的改善，对于政治融入的测量可以通过公民身份、选举权利、政党参与等指标进行测量。文化融入，主要涉及多元文化主义与同化主义的争论，具体的测量指标有规范的习得、语言的学习、配偶的选择、观念的认同、犯罪行为等。社会经济融入，指移民在主流社会的社会经济地位及待遇方面的改善，具体的测量指标包括就业市场、职业地位、劳动福利、收入水平、社区交往、朋友关系、组织参与、支

---

① Junger-Tas J. , "Ethnic Minorities, Social Integration and Crime", *European Journal on Criminal Policy & Research*, 2001, 9 (1): 5–29.

② Entzinger B. H. , Biezeveld R. , "Benchmarking in Immigrant Integration", Department of Sociology, 2003.

持网络等①。实际上，西方文献对社会经济融入的用法有两种，一种强调移民社会地位的平等性，一种则强调移民在主流社会待遇的平等性②。H. Entzinger 所提的社会经济融入显然是对这两种用法的整合，这个维度也可以分为经济融入与社会融入两个维度，所以对于 H. Entzinger 的划分又称为"四维度"模型。梁波等对此进行总结并制作模型，具体模型如图 1 所示。

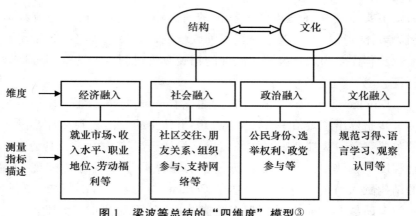

图 1　梁波等总结的"四维度"模型③

（三）小结

综合上述国外文献，国外关于移民社会融入的研究涉及社会学、管理学、心理学、人类学和人口学，呈现出一种多学科、多视角、多元化的研究状态。尽管移民融入的概念呈现出复杂性与多样性，但对于社会融入的测量维度还算比较清晰、系统，涵盖了各个层面和维度。研究成果为政府决策、社会治理提供了理论支持，为西方工业社会的政治实践做出了巨大贡献，也为我国研究农民工的社会融入提供了研究思路、依据和参考。但是，国际移民的社会融入问题与我国农

①　悦中山：《农民工的社会融合研究：现状、影响因素与后果》，西安交通大学，2011 年。

②　Alba R., Nee V., "Rethinking Assimilation Theory for a New Era of Immigration", *International Migration Review*, 1997, 31 (4): 826 –874.

③　梁波、王海英：《国外移民社会融入研究综述》，《甘肃行政学院学报》2010 年第 2 期。

民工的社会融入有着非常大的差异，对于国外相关理论的借鉴需要我们选择性的吸收，避免教条。因此，研究我国农民工的社会融入问题应借鉴国外国际移民研究中的理论框架与较好的制度与政策，来反思我们现有的基本理论与制度实践，提升农民工的社会融入。

二　国内农民工的社会融入研究综述

（一）农民工社会融入概念

目前，国内学界关于农民工社会融入使用的主要概念和理论体系均沿用西方移民社会融入研究的定义与理论体系，使用的是针对一般流动人群的普适性概念①。如"城市适应""融入""社会融合"和"市民化"等。在这些概念中，"市民化"有广义和狭义之分，狭义的市民化是指农民工获得所在城市的户口，享有城市居民的身份和权利的过程，被认为是技术层面上的市民化过程②。广义的市民化指农民工在经济、地位、文化及心理等各方面全面向城市市民转化的过程，被认为是社会文化层面上的市民化过程③。很多学者都不赞成将市民化简单理解为拥有城镇户口，因此广义上的市民化被学术界大多数学者所认同。而"融入"与"融合"虽只有一字之差，但其内涵却差之千里。"融入"还是"融合"学术界一直存在着方向的纷争。社会融合是一个双向过程，指的是农民工与城市社会的双向的甚至是多向的适应过程，即流出地文化和流入地文化互相影响，相互交融、相互渗透，在流入地形成一种新的文化体系。而社会融入则是一个单向过程，仅仅指农民工适应城市社会和城市生活的过程。融入以流入地主流文化为主，流出地主流文化为辅。而融合则是两种文化相互交融、渗透，两种文化没有主辅之分。融入是融合的第一步④。鉴于中

---

① 张文宏、雷开春：《城市新移民社会融合的结构，现状与影响因素分析》，《社会学研究》2008 年第 5 期；朱力：《论农民工阶层的城市适应》，《江海学刊》2002 年第 6 期。

② 马用浩、张登文、马昌伟：《新生代农民工及其市民化问题初探》，《求实》2006 年第 4 期。

③ 文军：《农民市民化：从农民到市民的角色转型》，《华东师范大学学报》（哲学社会科学版）2004 年第 3 期。

④ 杨菊华：《从隔离、选择融入到融合：流动人口社会融入问题的理论思考》，《人口研究》2009 年第 1 期。

国农民工的特点（相比城市居民社会地位较低，且无力传播家乡文化），文章认为"融入"比"融合"对于农民工的研究来说更加准确，所以同意杨菊华的融入说。

（二）农民工社会融入测量维度

国内对移民[①]社会融入测量维度的研究多于对移民社会融入概念的阐释，且缺乏专门针对农民工社会融入测量维度的研究。综合现有文献，因学者们对农民工社会融入维度研究的角度和层次不同，目前还没有达成一个共识，具体可以整合为以田凯、朱力等学者为代表的三因素说、以杨菊华为代表的四因素说和以周浩为代表的五因素说等。

1. 三因素说

三因素说的学者大都认为社会融入主要涉及经济、社会、文化三个层面的维度，且这几个层面之间存在依次递进的关系。田凯[②]通过196个有效样本对湖南岳阳的一个大型国企农民工的生活情况和城市适应性进行了调查研究，指出农民工的社会融入主要体现在经济层面、社会层面、文化或心理层面。朱力[③]认同这种观点，并对农民工的社会融入进行了进一步的综述，指出农民工社会融入的这三个层面是依次递进的关系：农民工融入城市社会首先要进行经济层面的适应，经济基础满足以后就会产生行为方式与日常生活方面等社会层面融入的进一步要求，最后是对城市文化价值、生活方式的心理认同，这是农民工融入城市社会的最终体现。杨轩和陈俊峰[④]通过对农民工城市融入能力相关概念进行辨析与界定，认为农民工融入城镇的能力涉及经济状况、观念认知、社会生活三个维

---

① 这里的移民指所有的城市外来人群，包含乡—城流动人口、城—城流动人口、留城农村大学生（又被称为蚁族）、进城务工人员以及农民工等多个次人群，鉴于流动人口的复杂性和多样性，本文只探讨农民工。需要注意的是乡—城流动人口与农民工并不是一个概念，农民工只属于乡—城流动人口的一部分。

② 田凯：《关于农民工的城市适应性的调查分析与思考》，《社会科学研究》1995年第5期。

③ 朱力：《论农民工阶层的城市适应》，《江海学刊》2002年第6期。

④ 陈俊峰、杨轩：《农民工融入城镇能力测评指标体系研究》，《城市问题》2012年第8期。

度，将农民工融入城镇的能力测量体系划分为包含 3 个一级指标、9 个二级指标、22 个三级指标的四级指标体系。佀传振和崔琳琳[①]通过对杭州市制造业、建筑业、交通运输业、批发零售业、餐饮服务业等行业中的 396 份有效问卷进行了两代农民工代际差异研究，在农民工城市融入能力方面，主要从市场能力、制度适应能力、社会资本能力三方面进行考量。

2. 四因素说

张文宏和雷开春[②]运用 2007 年上海城市新移民的调查数据，采用探索性因子分析的方法，充分考虑国际移民、国内农民工社会融入研究和新移民的特殊社会性基础指出城市新移民社会融入测量维度应包含心理融合、身份融合、文化融合和经济融合四个层面，且呈现依次递减趋势。在递进方向上与朱力等学者的看法正好相反，此观点得到王桂新等学者的支持。王桂新和王利民[③]对城市外来人口的社会融合进行了文献评述，以 2006 年上海外来流动人口的调查数据为分析基础，从经济融合、政治融合、公共权益融合、社会关系融合四个方面来反映了当前城市外来流动人口的社会融合现状。杨菊华[④]进一步区分了社会融合与社会融入的概念，建立了"乡—城流动人口"社会融入指标体系，认为融入至少包含经济整合、文化接纳、行为适应和身份认同这四个一级指标。刘建娥[⑤]基于在广州、昆明、上海、沈阳、天津五大城市的问卷分析，认为目前中国乡—城移民（农民工）的社会融入度偏低，并指出社会融入应包含健康与安全、居住与生活、就业与收入、满意度与信心 4 个维度并通过相应的 12 项具体指标进行

① 佀传振、崔琳琳:《农民工城市融入意愿与能力的代际差异研究——基于杭州市农民工调查的实证分析》,《现代城市》2010 年第 1 期。

② 张文宏、雷开春:《城市新移民社会融合的结构，现状与影响因素分析》,《社会学研究》2008 年第 5 期。

③ 王桂新、王利民:《城市外来人口社会融合研究综述》,《上海行政学院学报》2008 年第 6 期。

④ 杨菊华:《从隔离、选择融入到融合：流动人口社会融入问题的理论思考》,《人口研究》2009 年第 1 期；杨菊华:《流动人口在流入地社会融入的指标体系——基于社会融入理论的进一步研究》,《人口与经济》2010 年第 2 期。

⑤ 刘建娥:《乡—城移民（农民工）社会融入的实证研究——基于五大城市的调查》,《人口研究》2010 年第 4 期。

测量。彭安明等①基于上海、广州、深圳等城市农民工的调查问卷，指出农民工城市融入程度应该从职业融入、社会融入、行为融入和政治融入四个层面来测度。

3. 五因素说

风笑天②在研究三峡工程移民的社会适应中，将9个测量三峡移民社会适应的指标进行因子分析，归纳出三个新的因子：经济适应、心理适应和生活适应，从家庭经济、日常生活、生产劳动、与当地居民的关系和社区认同五个维度来测量三峡移民的社会融入状况。周浩③对杨菊华的行为维度提出商榷，并重构流动人口社会融合指标体系，勾画了一个包含经济融合、文化适应、社会适应、结构融合和身份认同五个层面的社会融合测量指标体系，该体系体现了社会融合的递进动态过程：适应、融入（区隔）、融合。钟志平④基于城市社会生活空间视角构建了一个包含居住情况、经济情况、日常生活情况、社区生活情况和心理认同情况五个层面的农民工城市融入测度指标体系，并采用层次分析法进行测度。

（三）小结

总体来看，国内学者在研究农民工的社会融入时，对于一些重要的概念尚未厘清，缺乏明确的界定，何为融入？何为融合？哪个更适合描述中国农民工群体的现状和特点？学术界还没有达成共识。对于农民工社会融入维度的研究，重点侧重于农民工社会融入的指标体系的构建，但没有形成一个系统的、统一的测量指标体系，缺乏信度效度好的调查问卷来测量农民工的社会融入。研究者用着相同的概念，却对概念的测量有着不同的操作，缺乏系统的测量指标体系。探讨理论得多，实证研究的少，对社会融入概念的构

---

① 彭安明、朱红根、康兰媛：《农民工城市融入的影响因素及其代际差异》，《湖南农业大学学报》（社会科学版）2014 年第 5 期。

② 风笑天：《"落地生根"？——三峡农村移民的社会适应》，《社会学研究》2004 年第 5 期。

③ 周皓：《流动人口社会融合的测量及理论思考》，《人口研究》2012 年第 3 期。

④ 钟志平：《基于城市社会生活空间视角下的农民工城市融入测度研究》，西安外国语大学，2013 年。

建缺乏实证检验。因此，对农民工社会融入进行更清楚、更严格、更有针对性的定义，构建一个系统的、具体的、可供实证检验的社会融入测量指标体系来实现社会融入的操作化①，是目前中国农民工社会融入研究的努力方向。

三　社会融入影响因素研究

西方学术界对移民的社会融入的关注，主要是基于移民在迁入地主流社会面临社会孤立与排斥而形成与主流社会的区隔或隔离。对于影响移民社会融入的因素，也就是为什么移民会在迁入地主流社会面临孤立与排斥，主要形成了三种理论取向，即社会制度影响理论、社会资本影响理论与人力资本影响理论。这三种理论分别阐述了迁入地针对移民的融入制度、移民在迁入地的社会关系网络以及移民本身所具备的人力资本等因素对移民融入迁入地社会（国家）的影响。在Berry②的文化融入（Acculturation）分析框架中，这三种理论也可以概括为个体因素和结构因素（或称群体因素），社会资本与人力资本因素属于个体因素，制度因素则属于结构因素。下面对移民社会融入影响因素的国内外文献进行简要回顾与总结。

（一）社会制度

在西方，持制度取向理论的学者认为移民的社会融入主要受结构性的制度政策的限制，认为流入地特有的移民融入制度及移民就业、住房、接受教育、社会福利、社会保障、社会接纳、宗教信仰、政治权利等移民政策是影响移民融入的关键性因素。具有代表性的学者有 M. Fix（菲克斯）、M. Papillon（帕皮伦）、N. Lewin-Epstein（莱文—爱泼斯坦）和 R. Penninx（潘尼克斯）等。

中国学术界则一致认为，农民工的社会融入首先被政府制定的相关制度和政策所排斥，而户籍制度以及以户籍制度为依托的社会福利制度则将农民工屏蔽在分享城市的社会资源之外，是城市农民

---

① 悦中山：《农民工的社会融合研究：现状、影响因素与后果》，西安交通大学，2011年。

② Berry J. W. , "Immigration, Acculturation, and Adaptation", *Applied Psychology*, 1997, 46（1）：5–34.

工的地位向上流社会流动变迁的最大障碍①，对农民工的社会融入有根本性的影响。在现有的二元化的城市制度安排下，农民工所面临的就业制度、社会保障制度、医疗制度、教育制度等一系列制度都有别于城市居民，无法享受城市居民所拥有的政策待遇。

（二）社会资本

社会资本影响理论把社会关系网络纳入影响移民社会融入的重要因素，认为移民在流入地的社会关系网络对于其社会融入具有促进作用，而移民在流出地原有的社会关系网络，通常也会对其社会融入产生限制作用或消极影响。社会资本影响因素首先由波特斯（A. Portes）引入到移民社会融入影响因素研究中来的，波特斯指出"社会资本是移民在社会网络和社会结构中通过社会网络中成员身份来获取和调动诸如低息的贷款、工作的机会、廉价的劳动力等社会资源的能力"②。在关于纽约的多米尼加移民的研究中，波特斯发现移民在流入地的社会资本与社会网络关系对于移民融入有积极作用。此后，芭芭拉③讨论了移民到德国的苏联犹太人因并没有放弃已有的苏联文化传统而限制了移民对当地犹太社会的融入。周敏和林闽钢④则讨论了社会资本是如何影响移民与当地主流社会融合的问题。

20世纪90年代中期，社会资本概念被引入到我国农民工的研究，彭庆恩⑤通过对农民工"包工头"的个案访谈，发现这些"包工头"通过构筑城市中的"关系网络"，来巩固他们"包工头"的地位。赵玉海⑥的研究则证明，社会网络的作用在迁入地社会对移民极不友善

---

① 李强：《户籍分层与农民工的社会地位》，《中国党政干部论坛》2002年第8期。

② Portes, Alejandro, "Social Capital: The Origins and Application in Modem Sociology", *Annual Review of Sociology*, 1990, 1 (24): 193 – 211.

③ Dielz, Barbara, "Jewish Immigrants from the Former Soviet Union in Germany: History, Politics and Social Integration", *East European Jewish Affairs*, 2003, 33 (2): 7 – 19.

④ 周敏、林闽钢：《族裔资本与美国华人移民社区的转型》，《社会学研究》2004年第3期。

⑤ 彭庆恩：《关系资本和地位获得——以北京市建筑行业农民包工头的个案为例》，《社会学研究》1996年第4期。

⑥ Zhao YH., "The Role of Migrant Networks in Labor Migration: The Case of China", *Contemporary Economic Policy*, 2003, 21 (4): 500 – 511.

或迁入地与迁出地环境差异很大时尤为重要。悦中山[1]从农民工—市民网络的角度证明了社会网络对于农民工融入城市社会与市民认可和接纳农民工有促进作用。王桂新和武俊奎[2]进一步分析了社会资本对农民工与市民社会距离的影响机制,研究结果表明社会资本会改变农民工的身份认同,影响农民工和市民的偏见,进而影响农民工和市民的社会距离。概括地说,改善农民工社会资本和社会关系网络状况,构建农民工社会资本和社会关系网络的积累和形成机制,是促使农民工更好地融入城市社会的重要途径[3]。

(三)人力资本

人力资本理论强调移民个体的受教育程度、职业能力、工作经验、语言能力等人力资本特征对于移民融入的重要影响。J. Junger-Tas[4]指出,很多移民因缺乏相应的素质和能力,无法适应西方国家劳动力市场对人力资本的要求,因而才被排斥于现代化的产业体系之外。R. Omidvar 与 T. Richmond[5]在其对加拿大移民的融入研究中也指出,加拿大的移民群体的融入难题在于市场全球化发展的过程中移民的人力资本欠缺。R. Wuthnow[6]的研究发现更高的教育水平可以提高个体的社会融入度,在文化认知、收入、管理地位与子女教育上表现出优势。J. Goldlush 和 A. H. Rich-mond[7]用实证研究证明了移民的人力资本尤其是教育与技术的训练情况在移民的社会融入中的重要作用。

参考国际移民研究的成果,人力资本因素作为影响农民工社会融

---

① 悦中山:《农民工的社会融合研究:现状、影响因素与后果》,西安交通大学,2011 年。

② 王桂新、武俊奎:《城市农民工与本地居民社会距离影响因素分析——以上海为例》,《社会学研究》2011 年第 2 期。

③ 刘传江、周玲:《社会资本与农民工的城市融合》,《人口研究》2004 年第 28 期。

④ Junger-Tas J. , "Ethnic Minorities, Social Integration and Crime", *European Journal on Criminal Policy & Research*, 2001, 9(1):5 – 29.

⑤ Omidvar, R. , T. Richmond, "Immigrant settlement and social inclusion in Canada, Perspectives on social inclusion working paper series", Laidlaw Foundation, 2003.

⑥ Wuthnow R. , "The Social Integration of Practitioners of Non-Western Religions in the United States", *Journal for the Scientific Study of Religion*, 2003, 42(4):651 – 667(17).

⑦ John Goldlush, Anthony H. Richmond, "A Multivariate Model of Immigrant Adaptation", *International Migration Review*, 1974, 8(2):193 – 225.

入的因素也开始受到国内学者的关注，国内多项研究①已证明了农民工人力资本对农民工社会融入特别是经济收入的正向作用。赵延东和王奋宇②对"乡—城流动人口"的抽样调查结果也显示出人力资本对于"乡—城流动人口"的经济地位有显著的正效应，而姚先国和俞玲③则调查表明，外出务工人员能否成为生产工人或从事服务行业受职业培训的显著影响。

（四）小结

在移民的社会融入影响因素研究中，国内学者往往只注意到了制度因素（如户籍政策、土地政策等）和社会资本因素的影响，尽管对人力资本因素也给予了一定关注，但对人力资本中的教育关注还不是很多，还缺乏系统的研究。国外移民研究的一些文献已经指出教育因素是影响移民融入的重要因素，本研究也认为教育作为影响农民工综合素质的最大因素，直接影响农民工在迁入城市的社会融入。但在农民工的社会融入影响因素研究中，对于不同层次的教育对农民工的社会融入程度的影响效果的研究还涉及很少，还缺乏专门的针对性研究。另外，需要注意的是影响农民工社会融入的户籍制度及其配套制度其实都与财政税收制度有着必然的联系，因此我们在讨论制度因素的影响时不能只研究户籍制度以及以户籍制度为依托衍生出来的一系列社会福利、社会保障等制度，还要更多的来关注财税制度对农民工社会融入的影响。

四 农民工社会融入的前景与趋势

农民工社会融入问题的解决牵扯经济、政治、社会、文化等多个领域，复杂而艰巨。关乎中国城镇化建设质量，关乎整个中国的社会稳定与经济发展，是我国积极推荐新型城镇化过程，解决经济社会问

---

① 黄晶：《农民工人力资本、社会资本与城市化发展》，《经济问题探索》2004 年第 6 期；姚先国、俞玲：《农民工职业分层与人力资本约束》，《浙江大学学报》（人文社会科学版）2006 年第 5 期。

② 赵延东、王奋宇：《城乡流动人口的经济地位获得及决定因素》，《中国人口科学》2002 年第 4 期。

③ 姚先国、俞玲：《农民工职业分层与人力资本约束》，《浙江大学学报》（人文社会科学版）2006 年第 5 期。

题的重要出路①。农民工在城市生活的体验中，深受城市文化的影响，他们否定农村落后的生活生产方式，接受城市的生活方式和思维方式，表现出强烈融入城市生活的渴望②。农民工想要真正融入城市社会，就必须拥有能够融入城市社会的能力，有稳定的职业和经济来源，有相应的社会地位，还要在心理上认可并接受城市居民的价值观③。但制度的壁垒，政策的障碍，社会资本的匮乏、人力资本的低下又使农民工失去融入城市社会的能力。虽然农民工获得城市户口，取得与城市居民同等的公民权利是大势所趋④，但制度壁垒与政策障碍的排除，社会资本与人力资本的提升也不是一朝一夕之功，农民工融入城市社会将是十分漫长而艰巨。

随着老一代农民工年龄增大的逐渐返乡，新生代农民工开始成为农民工的主要构成。由于新生代农民工年轻，文化程度较高，缺乏农业生产经验，他们在生活方式、打工目的、社会认同上都与他们的父辈不同，更希望留城发展，长期住在城市，与城市市民和谐相处⑤，农民工的主流正发生由"亦工亦农"向"全职非农"的转变，由"城乡双向流动"向"融入城市"转变，农民工融入城市社会的愿望更加强烈，对平等权利的要求也更高⑥。农民工能不能很好地融入城市社会已引起中国政府最高领导层的关注，也在深化户籍制度改革，增加农民工政治权利，建设统一的劳动力市场，多渠道多形式改善农民工居住条件等方面做出了很多努力，并取得一定成效。因此，农民工终将实现完全融入城市社会的飞跃，必须明确方向，不能违逆现代化的一般规律，人为限制农民工向城市流动⑦。

---

① 韩长赋：《中国农民工发展趋势与展望》，《经济研究》2006 年第 12 期。

② 李超海、唐斌：《城市认同、制度性障碍与"民工荒"现象——长三角、珠三角和中西部地区实地调查》，《青年研究》2006 年第 7 期。

③ 田凯：《关于农民工的城市适应性的调查分析与思考》，《社会科学研究》1995 年第 5 期。

④ 王兴周、张文宏：《城市性：农民工市民化的新方向》，《社会科学战线》2008 年第 12 期。

⑤ 罗霞、王春光：《新生代农村流动人口的外出动因与行动选择》，《浙江社会科学》2003 年第 1 期。

⑥ 《我国农民工工作"十二五"发展规划纲要研究》课题组：《中国农民工问题总体趋势：观测"十二五"》，《改革》2010 年第 8 期。

⑦ 韩长赋：《中国农民工发展趋势与展望》，《经济研究》2006 年第 12 期。

农业转移人口市民化程度测评指标体系研究[*]

一　引言

农业转移人口是中国经济发展中的一股重要力量，为中国工业化和城镇化建设做出了重要贡献[①]。据国家统计局数据，截至 2014 年年底，中国农民工数量已达 27395 万人[②]，占全国总人口的 20.03%，占城镇常住人口的 36.57%。城镇化的本质就是农业人口向城镇非农产业的转移和集中，新型城镇化是"人的城镇化"，落脚在于推进农业转移人口的市民化，促进农业转移人口融入城市社会。学术界围绕农业转移人口市民化的内涵[③]、路径[④]、影响因素[⑤]、成本测算[⑥]等方面展开了多学科的研究。但要有序推进农业转移人口市民化，就必须科学评估中国当前农业转移人口的市民化进程[⑦]。问题是，应如何测评农业转移人口市民化的程度？学术界并未达成共识，政府也没有公布具体的、系统的、可操作的细化的标准体系。

近年来，学者们从不同角度对农业转移人口市民化的程度进行

---

　*　原文发表于《经济社会体制比较》2016 年第 4 期。基金项目：山东省社会科学规划研究项目"农业转移人口市民化成本测算及其分担机制研究"（项目编号：15CGLJ23）；山东省教育科学"十二五"规划重点课题"城镇化加速推进中的新生代农民工创业教育体系研究"（项目编号：ZC15076）。

　①　王春超、何意鎏：《社会资本与农民工群体的收入分化》，《经济社会体制比较》2014 年第 4 期。
　②　国家统计局网站：《2014 年全国农民工监测调查报告》，国家统计局，2015 年 4 月。
　③　申兵：《我国农民工市民化的内涵、难点及对策》，《中国软科学》2011 年第 2 期。
　④　王琛：《从利益相关者理论解读农业转移人口市民化》，《经济社会体制比较》2015 年第 3 期。
　⑤　黄锟：《城乡二元制度对农民工市民化进程的影响与制度创新》，《经济研究参考》2014 年第 8 期；秦立建、陈波：《医疗保险对农民工城市融入的影响分析》，《管理世界》2014 年第 10 期。
　⑥　张国胜：《基于社会成本考虑的农民工市民化：一个转轨中发展大国的视角与政策选择》，《中国软科学》2009 年第 4 期。
　⑦　魏后凯、苏红键：《中国农业转移人口市民化进程研究》，《中国人口科学》2013 年第 5 期。

了研究与测度。如王新桂等采用综合指标法，从居住条件、经济生活、社会适应、政治参与和心理认同5个维度测得上海市农民工市民化程度总体上已达54%的水平（2006年数据）[①]。刘传江等运用层次分析方法，选取生存职业、社会身份、自身素质、意识行为4个维度构建了农民工市民化进程测度指标体系，测算出武汉市新生代农民工和第一代农民工的市民化程度分别为45.53%和42.03%[②]。周密等采用需求可识别的Biprobit模型和Oaxaca分解的方法预测出了沈阳、余姚两地区新生代农民工市民化程度分别为62%和81%[③]。魏后凯等从政治参与、公共服务、经济生活、综合素质4个方面构建农业转移人口市民化程度综合评价指标体系，并采用专家打分法对相关指标赋权，测算出2011年中国农业转移人口市民化的综合进程只有39.56%[④]。可见，以往学者关于农业转移人口市民化程度测评问题的研究已取得了一定进展，但还存在以下不足。第一，应如何测评农业转移人口市民化的程度，学术界并未达成共识，缺乏一套具体的、系统的、可操作的、可供实践检验的、细化的标准体系。第二，指标体系的科学性有待商榷，大部分研究采用等值赋权法，且测评维度很少涉及心理认同和文化融合等相关指标，对农业转移人口市民化的本质内涵把握不清。第三，对于市民化程度的衡量，大多数样本调查区域仅仅局限于一个城市或一个省份，不能反映全国农业转移人口市民化的总体情况，研究样本的代表性不足。第四，绝大多数的研究并没有对所建立的测评模型进行实证检验，实证、定量研究较少。

有鉴于此，本文将在对农业转移人口市民化内涵梳理的基础之上，运用AHP方法从文化融合、经济地位、社会适应和心理认同等

---

① 王桂新、沈建法、刘建波：《中国城市农民工市民化研究——以上海为例》，《人口与发展》2008年第1期。

② 刘传江、程建林、董延芳：《中国第二代农民工研究》，山东人民出版社2009年版。

③ 周密、张广胜、黄利：《新生代农民工市民化程度的测度》，《农业技术经济》2012年第1期。

④ 魏后凯、苏红键：《中国农业转移人口市民化进程研究》，《中国人口科学》2013年第5期。

四个维度构建农业转移人口市民化测评指标体系。利用 2014 年对全国农业转移人口市民化抽样调查数据，科学评估当前我国农业转移人口总体市民化程度，并进一步考察不同教育结构农业转移人口的市民化程度，分析不同结构的教育对农业转移人口市民化的推动作用。在此基础上提出促进农业转移人口市民化的政策建议。

二　测评指标体系构建

（一）农业转移人口市民化内涵

构建科学的农业转移人口市民化程度测评指标体系，必须建立在对农业转移人口市民化基本内涵的明确界定之上，而此处所涉及的几个重要概念学术界目前尚未达成一致的认识，故作以下解释。

农民工与农业转移人口。农民工是中国特殊国情"城乡二元体制"户籍制度下的产物，是那些拥有农业户口，从事非农经济活动，身份是农民但职业是工人的劳动者。2014 年国务院提出建立城乡统一的户口登记制度，取消农业户口与非农业户口性质的区分，使"农民工"概念彻底地退出了历史舞台。党的十八大用"农业转移人口"替代了"农民工"这一概念。农业转移人口是指户籍在农村，转移到城镇非农产业并持续从事非农产业，依靠工资收入生活，已经实现职业转变，不具有迁入城市户籍的劳动者及其随迁家属。不包括季节性外出打工的兼业农民，转移到城镇的农村大学生[1]，但应包括因城镇建设丧失土地转移到城镇的农业人口[2]。

农业转移人口市民化。很多经济学家认为推进农业转移人口市民化的最好办法就是户籍制度的改革，但市民化的真正核心并不是户籍制度，而是转移人口能否在转入地城镇安居乐业，能否获得与拥有转入地城镇户籍的居民均等的社会权利与公共服务。本文赞同

---

① 国务院发展研究中心课题组：《中国新型城镇化道路、模式和政策》，中国发展出版社 2014 年版。

② 学术界部分学者认为农业转移人口不应该包含因城镇建设丧失土地转移到城镇的这部分农业人口，但本文认为，失地农民尽管因丧失土地获得了城市户籍，但他们在职业上也是从农业转移到非农业，所以应该属于农业转移人口的统计范畴，我们可以称这部分人口为被动市民化的农业转移人口。

国务院发展研究中心课题组[①]的概念，认为农业转移人口市民化是农业转移人口自身及其随迁家属获得与城镇户籍居民均等的社会权利与身份地位，均享城镇公共资源与社会福利，在城镇实现安居乐业，并在文化、经济、社会和心理方面完全融入城镇，成为真正市民的过程。所以说取得户籍制度，获得市民权利并不是市民化的最后一个阶段，只有心理和文化真正融入城镇之后才算得上真正实现了市民化。

农业转移人口市民化程度。即农业转移人口市民化过程的进展程度（或农业转移人口的市民化结果），可以用农业转移人口与城镇居民的同质化水平来衡量或农业转移人口与城镇居民差异消减的程度来衡量。相对于农业转移人口个体时表示农业转移人口是否已经成为市民，相对于农业转移人口群体时表示已经成为市民的人数或比例（即市民化率）[②]。微观意义上，农业转移人口市民化程度与城镇化水平具有密切的关系，是城镇化的一个阶段（市民化阶段）发展水平的衡量指标[③]。

（二）指标体系的构建与赋权

鉴于已有研究的不足和上文对农业转移人口市民化内涵的综述，根据农业转移人口市民化程度测评的全面性与系统性、代表性与简洁性、科学性与操作性、针对性与建设性及综合性与可比性要求，本文从文化融合、经济地位、社会适应和心理认同等四个维度来建构农业转移人口市民化程度测评指标体系。选用层次分析法（AHP），运用Yaahp. V. 9. 1 软件的群决策专家数据录入软件，获取了 22 位专家的实际判断数据（其中管理学家 7 名、经济学家 5 名、社会学家 7 名，政府相关部门人员 3 名），对各指标重要性程度进行赋值，并对指标体系中的各层次指标的一致性进行了检验（分别为 CR1 = 0.0106、CR2 = 0，均符合一致性检验要求），将指标层总体权重汇总，得到各

---

① 国务院发展研究中心课题组：《中国新型城镇化道路、模式和政策》，中国发展出版社 2014 年版。

② 黄锟：《城乡二元制度对农民工市民化进程的影响与制度创新》，《经济研究参考》2014 年第 8 期。

③ 王桂新、沈建法、刘建波：《中国城市农民工市民化研究——以上海为例》，《人口与发展》2008 年第 1 期。

层指标权重水平。具体结果如表1所示。

表1　　　　农业转移人口市民化程度测评指标系统

目标	准则层（权）	控制层（权）	指标层（权）
农业转移人口市民化程度	文化融合（0.0594）	地域文化（0.0119）	语言（0.002）
			外表（0.0009）
			风俗习惯（0.0058）
			饮食习惯（0.0031）
		现代文化（0.0475）	大众传媒（0.0077）
			妇女地位（0.0042）
			个人效能（0.0209）
			计划性（0.0123）
			时间观念（0.0024）
	经济地位（0.1478）	收入情况（0.013）	收入水平（0.0104）
			工资发放（0.0026）
		居住情况（0.0713）	房产情况（0.0465）
			居住环境（0.0179）
			居住条件（0.0068）
		就业情况（0.0233）	求职方式（0.014）
			每周工作天数（0.0047）
			每天工作小时数（0.0047）
		社会保障（0.0402）	劳动合同（0.0067）
			保险和公积金缴纳情况（0.0335）
	社会适应（0.2799）	社交网络（0.0933）	朋友圈（0.0311）
			与本地居民交往情况（0.0622）
		社会活动（0.1866）	业余生活安排（0.0267）
			单位活动安排（0.0533）
			社区活动（0.1066）
	心理认同（0.5129）	身份认同（0.4104）	身份观念（0.342）
			留城意愿（0.0684）
		社会距离（0.1026）	城里人怎么看待农业转移人口（0.0513）
			愿不愿意和城里人交朋友（0.0513）

文化融合即农业转移人口转入城镇主流社会，对现代工业社会文化和迁入地城镇社会区域文化的适应与接纳。对于现代工业社会文化的适应，这是所有农业转移人口进入城镇社会之后都要面临的，由农业转移人口从农村农业社会进入到城镇现代工业社会决定的，具有普适性。而对区域文化的适应则包含两方面的内容，一是对迁入城镇区域文化的适应，二是对原有家乡文化的保持。本文选用语言、外表、风俗习惯、生活方式作为区域文化的四个衡量维度来测评。关于现代性文化的研究，则结合中国农业转移人口的实际情况，借鉴悦中山①的研究，选取大众传媒、妇女地位、个人效能、计划性和对时间的评价等 5 个维度来测评。改编对于妇女地位的测评题项为："您对女性从政的看法是？"。

经济地位指农业转移人口在转入城镇所面临的收入、就业、居住以及社会保障等方面的情况，是农业转移人口个体经济地位的综合反映。这四个方面构成了经济地位的具体测评指标，每个指标由多个变量或属性构成。收入情况由收入水平和工资的发放是否及时来反映；居住情况由房产、居住环境与居住条件来衡量；就业情况包括求职方式、工作时间等属性；社会保障则由劳动合同、保险及公积金缴纳情况来测评。

社会适应是指农业转移人口在转入城镇后社会交往与社会分层的变化，即他们的人际交往对象由迁入地（老乡）群体扩展到了城镇本地居民，以及他们向中产阶级或更高层次转变之后社会活动的改变。本文用社交网络和业余时间娱乐活动这两个指标来衡量社会适应这个指标，其中，社交网络包含朋友圈与本地居民交往这两个指标，业余时间娱乐活动的安排则由业余生活安排、单位活动安排和社区活动三个指标构成。

心理认同即农业转移人口在转入城镇社会后对自己城镇成员的身份和归属感的认同。农业转移人口转入城镇社会后需要处理两

---

① 悦中山：《农业转移人口的社会融合研究：现状、影响因素与后果》，西安交通大学，2011 年；悦中山、杜海峰、李树苗、费尔德曼：《农民工社会融合的概念建构与实证分析》，《当代经济科学》2012 年第 1 期。

个问题：是否继续认同自己农民的身份和保持自己对农村社会的归属感；是否愿意建立起转入地社会城镇居民的身份认同和对城镇社会的归属感。具体用身份观念和留城意愿两个指标来衡量。另外，本文也把社会距离归为心理认同的重要范畴，作为衡量农业转移人口心理认同的重要维度，用城里人怎么看待农业转移人口和农业转移人口是否愿意和城里人交朋友两个维度来衡量。本文改编 Bogardus[①] 的社会距离量表，用题项："您感觉城里人怎么看待农业转移人口？"和"您愿意和城里人交朋友么？"来测评。

三 实证检验

（一）数据来源及样本描述

本文的数据来源于山东管理学院农业转移人口课题组（以下简称课题组）2014 年 12 月进行的农业转移人口市民化专项调查。该次调查在北京、天津、山东、上海、福建、云南、四川、山西、新疆、黑龙江 10 个省（直辖市）进行，调查对象为 16—60 岁，非本地城市户籍，转移到当地从事非农工作 6 个月以上的城市务工人员及其随迁家属。调查包含了各地的服务性行业、建筑行业、制造业和批发零售业等典型农业转移人口聚集行业，也包含金融、证券、保险等其他一些行业，样本具多样性、均衡性和代表性。本次调查总计获得 7500 个样本，剔除主要变量缺失的无效样本之后，得到 6150 个有效样本，问卷有效率 82%。整个样本中 16—35 岁的农民工的比例超过 45%，有关样本的基本情况如表 2 所示。调查问卷由农业转移人口本人及家属填写，调查范围涉及东部、中部和西部地区，样本能较好地代表全国农业转移人口的基本状况，用它来估算中国农业转移人口的市民化程度及解释职业教育对农业转移人口市民化的影响具有代表性与推广意义。

---

① Bogardus E. S., 1925, "Social Distance and Its Origins", *Journal of Applied Sociology*, 9：216 – 226；——1925, "Measuring Social Distance", *Journal of Applied Sociology*, 9：299 – 308.

表 2   **调查样本数据描述**

变量	编码	取值	样本个数	比例（%）
性别	0	女	2030	33.01
	1	男	4120	66.99
年龄	1	20 岁以下	241	3.92
	2	21－30 岁	1852	30.12
	3	31－40 岁	1418	23.06
	4	41－50 岁	1601	26.03
	5	51－69 岁	1038	16.87
行业分布	1	制造业	1790	29.11
	2	建筑业	1640	26.67
	3	批发和零售业	500	8.31
	4	住宿和餐饮业	1150	18.7
	5	家政保安	350	5.69
	6	其他	720	11.71
教育程度	1	小学及以下	1090	17.72
	2	普通初中	1900	30.89
	3	普通高中	1150	18.70
	4	中等职业教育	1220	19.84
	5	高等职业教育	580	9.4
	6	本科及以上	210	3.4

（二）中国农业转移人口市民化程度估算

鉴于以前研究调查数据的不足，本文运用课题组调查数据，实证检验测量指标体系的科学性，全面考察中国农业转移人口市民化程度。其中，市民化程度综合指数计算公式为：

$$P = \sum_{1}^{n} w_i x_i \qquad (1)$$

（1）式中 P 表示市民化程度综合指数，x_i 表示指标层每项指标的得分值，w_i 表示指标层指标权重。准则层各分项市民化程度的计算：

$$p_j = \sum_{j1}^{jk} w_{ji} \left(\sum_{jk1}^{jkn} w_{jki} x_{jki} \right) \tag{2}$$

（2）式中 p_j 表示第 j 分项市民化程度，w_{ji} 表示第 j 分项第 i 个指标的权重，w_{jki} 表示第 j 分项中第 k 个指标下的第 i 个指标权重[①]，x_{jki} 表示第 j 分项中第 k 个指标下的第 i 个指标得分值。

评价结果（见图）表明，2014 年中国农业转移人口市民化程度为 46.98%，其中文化融合、经济地位、社会适应和心理认同 4 个方面的市民化程度分别为 53.44%、54.66%、46.31% 和 37.48%。2013 年中国户籍人口城镇化率为 35.9%，按照年均提高 1.3 个百分点推算 2014 年户籍人口城镇化率应为 37.2%，而按照常住人口计算，2014 年我国城镇化率为 54.77%[②]。可以看出中国新型城镇化进程中，农业转移人口市民化程度主要表现出以下特点：（1）从总体市民化程度来看，中国农业转移人口市民化的水平（46.98%）还没有达到"半市民化"的状态，市民化程度还很低。（2）市民化进程滞后于常住人口城镇化进程，没有城镇户籍的被统计在城镇常住人口中的农业转移人口，绝大部分没有完全实现市民化。农业转移人口市民化程度比常住人口城镇化率低的 7.79 个百分点为没有完全市民化的城镇常住农业转移人口。（3）从不同维度考察，水平差异较大。农业转移人口市民化以经济地位的市民化水平最高，总体上已达到 54.66%；其次是文化适应（53.44%）和社会接纳（46.31%），心理认同的市民化水平最低，仅为 37.48%。这说明经济地位作为农业转移人口在城镇生存的重要基础条件之一，其市民化程度已超过农业转移人口市民化的总体水平。而心理认同这一反映农业转移人口市民化本质内涵的高层次维度指标，其市民化水平最低，这在一定程度上说明在本质上

---

① 限于篇幅本文只报告了每个指标层相对目标层的具体权重（见表1），没有报告每个指标层相对上级指标的权重，如有读者需要，可联系作者。

② 《关于〈中共中央关于制定国民经济和社会发展第十三个五年规划的建议〉的说明》和《中共中央关于制定国民经济和社会发展第十三个五年规划的建议》。

提高农业转移人口市民化水平，将是一个漫长而艰巨的过程。因此，全面推进农民工市民化水平，必须均衡推进农业转移人口在文化融合、经济地位、社会适应和心理认同上的市民化水平，而心理认同应该是今后政府在促进农业转移人口市民化水平方面的重要内容。

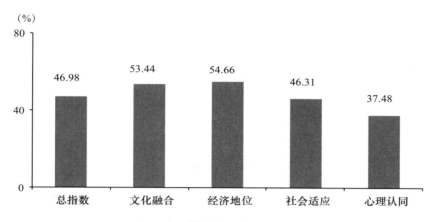

图 农业转移人口市民化程度

（三）教育结构对农业转移人口市民化程度的影响

新型城镇化建设和供给侧结构改革对教育结构所决定的人力资本供给结构提出了新的需求，对劳动力的职业素质提出了更高要求，对农业转移人口市民化能力提出了更高的素质要求。这就需要通过改革，来促进农业转移人口的人力资本、综合素质、市民化能力等要素升级。已有研究[①]表明，教育因为很大程度上影响着农业转移人口的个体素质，影响着农业转移人口的市民化能力，进而影响着农业转移人口市民化的进程。但对于教育类型和教育层次是否影响农业转移人

---

① 谢桂华：《中国流动人口的人力资本回报与社会融合》，《中国社会科学》2012 年第 4 期；沈映春、王泽强、焦婕等：《北京市农民工市民化水平及影响因素分析》，《北京社会科学》2013 年第 5 期；刘万霞：《职业教育对农民工就业的影响——基于对全国农民工调查的实证分析》，《管理世界》2013 年第 5 期；刘松林、黄为：《我国农民工市民化进程指标体系的构建与测度》，《统计与决策》2014 年第 13 期。

口的市民化进程？如何影响农业转移人口的市民化进程？学术界还没有相关研究。基于此，本文进一步考察不同教育类型和不同教育层次农业转移人口的市民化程度，分析不同的教育结构对农业转移人口市民化的推动作用。

为考察不同教育结构对农业转移人口市民化的影响，我们将所有样本设置为6个等级：小学及以下、普通初中、普通高中、中等职业技术教育（技校、中专、职业高中）、高等职业技术教育（高职）和本科及以上。采用上文指标体系及课题组调研数据对不同教育结构农业转移人口市民化程度进行综合测评，研究结果显示（见表3）：（1）在教育层次上，教育程度对农业转移人口的市民化有显著的正向影响，教育程度越高的农业转移人口其市民化程度也越高。这是因为教育层次越高的农业转移人口其文化适应能力和经济获得能力就越强，且更易于被城市社会所接受，留城意愿及融入城市的意愿也更强烈，市民化程度就越高。（2）在教育类别上，职业教育比普通教育更能提高农业转移人口的市民化，在促进农业转移人口市民化上效率最好的教育类型为职业教育。普通高中组和中等职业教育组的学历层次和受教育年限一致，但中职教育组的总体市民化程度（54%），远高于普通高中组（37.68%），且中职教育在经济地位、社会适应和心理认同上的市民化程度均高于普通高中组，这说明职业教育因为提高了农业转移人口的职业技能，从而提高了他们的就业能力，促进了其经济地位，并通过影响农业转移人口个体的社会适应与心理认同直接提高了农业转移人口的市民化。继续比较本科和高职教育，我们也发现尽管本科组的市民化总体水平及在文化融合、经济地位、社会适应和心理认同上的市民化水平均略高于高职教育，而高职教育的受教育年限是三年，本科教育则是四年，并且农业转移人口一般通过普通高考来接受本科教育的途径并不是很容易，且通过自学考试或者成人高考来获得本科教育也要付出大量的精力和时间来备考。所以说从投入产出上来看，高职教育比本科教育更经济有效。这就进而说明了职业教育在促进农业转移人口市民化进程上效率最好。

表3　　　　　不同教育层次农业转移人口市民化程度综合评价　　　　单位：%

类型	小学及以下	普通初中	普通高中	中职教育	高职教育	本科及以上
市民化程度综合指数	17.03	27.77	37.68	54.00	70.15	76.49
文化融合	23.58	38.44	57.41	54.65	61.22	72.73
经济地位	26.42	40.56	49.85	60.03	74.75	82.73
社会适应	16.20	27.29	42.23	51.19	67.67	73.87
心理认同	15.78	21.37	29.42	53.73	71.21	76.56

四　结论与建议

从数据分析结果来看，本文所构建的农业转移人口市民化程度测评指标体系对农业转移人口市民化程度测评结果与大多数学者的研究结论是相符的。由此可见，本文所构建的农业转移人口市民化程度测评指标体系能较客观真实地反映农业转移人口市民化水平状况，这对于有序推进农业转移人口市民化，衡量农业转移人口市民化总体水平具有一定的参考价值。

本文的研究结果显示，2014 年中国农业转移人口市民化程度为 46.98%，可见中国农业转移人口市民化的水平还没有达到"半市民化"的状态，市民化程度还很低。不同维度考察结果显示，心理认同这一反映农业转移人口市民化本质内涵的高层次维度，市民化水平仅为 37.48%，这在一定程度上说明在本质上提高我国农业转移人口市民化水平，将是一个漫长而艰巨的过程。同时通过考察不同教育层次农业转移人口的市民化程度，发现教育程度对农业转移人口的市民化有显著的正向影响，教育程度越高的农业转移人口市民化程度也越高，而在教育类别上，职业教育对农业转移人口市民化的促进最有效率。

因此，走中国特色新型城镇化道路，有序推进农业转移人口市民化进程，提高城镇化质量，建议从以下几个方面着手。

第一，继续推进户籍制度及相关制度的深化改革，加快提高户籍人口城镇化率，推进有意愿、有条件的农业转移人口在转入地落户定居，制定差别化的落户条件，分类有序推进户籍制度改革。重点解决举家迁移、长期（5 年以上）城市就业、在城镇拥有自购住房以及 80 后农业转移人口的城镇落户问题，因为这部分人的市民化意愿及市民化能力均高于其他农业转移人口。消除城乡之别，逐步破除相关的制度壁垒，对于那些不愿意转移户口及不符合落户条件的城镇常住农业转移人口，推行居住证制度，"阶梯式"提供平等的公共服务和权益保障①。一蹴而就的实现对农业转移人口公共服务的均等化是不现实的，采取"阶梯式"的方式，既可以缓解政府财政负担，又可以体现基本公共服务全覆盖的原则。对于那些影响资本积累和一生发展的权益，比如教育、公共卫生等要优先给予。对于那些不会给当地财政带来负担的权益，比如医疗、养老和失业保险等要保证给予。对于那些财政补贴缴费的权益，应设定一个全国统一的最低给予标准。而对于保障性住房等福利待遇则要增加政府补贴，出台农业转移人口买房优惠政策，从而实现农业转移人口市民化与楼市去库存的双赢。

第二，积极探索农民就地城镇化道路，实现农民就地城镇化。一是破除城乡二元结构体制，改革农村土地产权制度，允许农村集体建设用地入市，支持农民以自营或者出租的方式使用自有产业集体建设用地参与城镇建设②。二是积极做好土地征用补偿、拆迁安置住房及被征地农民的住房、就业、医疗、保险、教育、养老等公共服务工作，推进"城中村"农民与失地农民的市民化③。三是加大农民工返乡创业、就业的支持力度，鼓励农民工返乡创业就业，就地实现市民化。

第三，政府在推进农业转移人口市民化时，不仅要继续促进农业转移人口的经济收入、住房改善，而且更要关注和促进农业转移人口的心理认同、社会适应等非物质层面。发挥社区作用，通过组织各类社区活动，为农业转移人口搭建交往平台，增进农业转移人口与城市居民之间的相互接纳和彼此认同。

---

① 辜胜阻、李睿、曹誉波：《中国农民工市民化的二维路径选择——以户籍改革为视角》，《中国人口科学》2014 年第 5 期。

② 潘家华、魏后凯：《中国城市发展报告 NO.6——农业转移人口市民化》，社会科学文献出版社 2013 年版。

③ 魏后凯、苏红键：《中国农业转移人口市民化进程研究》，《中国人口科学》2013 年第 5 期。

第四，保障农业转移人口教育的健康发展，不断提高农业转移人口的受教育程度。提升农业转移人口的人力资本和劳动技能，进而使他们获得稳定的就业机会，改善他们实现市民化的能力。构建农业转移人口市民化职业教育体系，大力发展对农业转移人口的职业技术教育。确保农业转移人口人力资本结构能够适应供给侧结构改革的新要求。另外，对农业转移人口进行职业培训，必须强调内容的针对性、层次性和个性化；培训时间的灵活性和参与可行性；培训信息要广而告知，提高知晓度；最关键的还要注意费用的减免性，从而调动参与的积极性。

农业转移人口市民化成本障碍及其对策研究

——以农村土地流转为视角*

中国特色新型城镇化道路是"以人为核心"的城镇化道路，核心在于让农业转移人口享受城市市民的待遇，享有城镇基本公共服务，实现农业转移人口的市民化。国家高度重视新型城镇化推进过程中的农业转移人口市民化问题，在党的十八大、国家新型城镇化规划（2014—2020 年）、"十三五"规划纲要中相继提出"统筹推进户籍制度改革，深化土地制度改革，有序推进农业转移人口市民化，逐步解决农业转移人口享有城镇基本公共服务问题"。据统计，2016 年中国常住人口城镇化率为 57.35%，而户籍人口城镇化率只有 41.2%，农业转移人口市民化进程远滞后于城镇化进程。① 长期以来，政府与学术界在解释农业转移人口市民化滞后问题时，逐步形成了户籍门槛障碍的思维定式。但现实观察发现，农业转移人口市民化并未随户籍制度的改革加快而明显加快。究其原因是其背后的将农业转移人口纳入城镇公共服务体系所形成的巨大成本压力。在是否市民化的抉择中，成本障碍与土地羁绊使农业转移人口难以下定城市生活定居的决心，甚至做出返乡务农的个人决策。② 因此，创新土地制度，促进农村土地流转，让农业转移人口带着土地权益进城，或许是突破农业转移人口市民化成本困局，推进农业转移人口市民化的有效途径。

近年来，国内学者围绕农业转移人口市民化问题和农村土地流

---

* 原文发表于《马克思主义与现实》2017 年第 6 期。本文为教育部人文社科青年基金项目："以农村土地流转推进农民工市民化的策略研究"（项目编号：17YJCZH201）、山东省社会科学规划研究项目"农民工市民化与农村土地流转统筹发展研究"（项目编号：17CJJJ15）的阶段性研究成果、山东省社会科学规划研究项目"农业转移人口市民化成本测算及其分担机制研究"（项目编号：15CGLJ23）。

① 《2016 年国民经济和社会发展统计公报》，载于国家统计局网站：http://www.stats.gov.cn/tjsj/zxfb/201702/t20170228_1467424.html。

② 赵智等：《土地流转、非农就业与市民化倾向——基于四川省农业转移人口的调查分析》，《南京农业大学学报》（社会科学版）2016 年第 4 期。

转问题展开了多学科的研究，为本文研究提供了重要的理论依据和参考范式。[1] 但梳理相关研究发现，当前文献多是围绕土地流转或农业转移人口市民化的单一要素孤立展开，缺乏对土地流转与农业转移人口市民化互动关系的专门研究，也未能将农业转移人口市民化与农地流转制度有机衔接，并发挥出制度体系更大合力的途径做更加深入的研究。虽然一些研究涉及现行土地流转对农业转移人口市民化的制约作用，以及土地流转可以促进农业转移人口市民化的问题，但如何通过土地流转来促进农业转移人口市民化方面缺乏深入研究。[2] 在农村土地使用权流转的改革方案中，有部分专家学者提出了私有化方案，但由于中国是社会主义国家，必须坚持土地公有制下的农村土地集体所有制，因此土地私有化的改革方案不符合我国基础政治制度，不符合中国基本国情。有鉴于此，本文将以马克思产权理论为指导，在坚持农村土地集体所有的前提下，在"集体所有、家庭承包、多元经营"三权分置的视域下，分析如何依靠农村土地流转来推进农业转移人口的市民化，以农村土地流转的视角去思考农业转移人口市民化问题。

一　农业转移人口市民化及其成本障碍

农业转移人口[3]市民化的成本，主要是指将现在已经转移到城市居住或就业的农业转移人口纳入城市公共服务体系，获得相应福利待遇和均等化公共服务所需进行的各种经济投入。从成本分担者的角度来看，一般可以分为政府成本（中央政府成本和地方政府成本）、企

---

[1]　申兵：《我国农民工市民化的内涵、难点及对策》，《中国软科学》2011年第2期；王桂新等：《城市农民工社会保障与市民化意愿》，《社会科学文摘》2016年第6期；黄锟：《城乡二元制度对农民工市民化进程的影响与制度创新》，《经济研究参考》2014年第8期；魏后凯等：《中国农业转移人口市民化进程研究》，《中国人口科学》2013年第5期；辛宝英：《农业转移人口市民化程度测评指标体系研究》，《经济社会体制比较》2016年第4期。

[2]　徐美银：《农民工市民化与农村土地流转的互动关系研究》，《社会科学》2016年第1期；陈中伟：《农村劳动力转移与土地流转统筹发展分析》，《中国人口科学》2013年第3期。

[3]　本文所指的农业转移人口主要包含农业转移人口、农业转移人口随迁家属、失地农民，不包含农村大学生，嫁到城里的农村妇女。

业成本和个人成本。其中政府成本主要指政府为农业转移人口提供公共服务、劳动就业、社会保障和新（扩）建基础设施等而增加的财政支出。① 主要包括就业扶持成本、社会保障成本、保障性住房投入成本、公共服务管理成本、公共教育成本以及交通运输、能源供应、环境卫生等基础设施的投资成本。企业成本主要是指企业应承担的农业转移人口在就业培训、社会保障以及同工同酬保障等方面的成本。② 个人成本主要是指农业转移人口个人及其随迁家属在城镇工作生活所需支付的相比农村生活而增加的住房成本、生活成本、迁移成本、机会成本、自我保障成本以及适应城市生活的融入成本和失业风险成本。农业转移人口市民化推进过程中的主要成本障碍包含以下几个部分。

（一）超出支付能力的城市住房及生活成本成为阻碍农业转移人口市民化的最大资金障碍

俗话说"安居才可乐业"，在城市中拥有一套产权房是农业转移人口立足城市的基础，更是转变为市民的基础条件。因户籍限制能够获得廉租住房、公共租赁住房、购买经济适用房、购买限价商品房、棚户区改造房及住房救助等保障性住房的农业转移人口少之又少。如果购买商品房，高昂的城市房价也根本不是农业转移人口能承受得起的，租房居住不仅费用高，在传统的思想里也不是长久之计。高房价与低收入决定了农业转移人口在城市实现安居非常困难。此外，农业转移人口定居城市的生活成本也比在农村定居的生活成本增加了很多。调查显示，缺乏购房资金和增加的城市生活成本是大部分农业转移人口不想落户城镇在城市定居的主要原因。③

---

① 单菁菁：《农业转移人口市民化的成本及其分担机制》，《学海》2015 年第 1 期。

② 王国霞等：《农业转移人口市民化成本分担机制分类设计初探》，《经济问题》2016 年第 5 期。

③ 自 2014 年起，山东管理学院农业转移人口课题组对农业转移人口市民化情况进行的跟踪调查显示，61.34% 的农业转移人口不愿落户城市的原因为城市购房和生活成本太高。

（二）农业转移人口市民化后所丧失的机会成本，成为影响农业转移人口市民化意愿的最大障碍

户籍新政下①，各地方政府纷纷出台具体落实国务院户籍制度改革的政策措施，在政策层面落实放宽了城镇户籍迁移政策的限制，农业转移人口落户城镇（除特大城市外）基本上没有了障碍。但农业转移人口关注的已不再是能否落户城镇的问题，而是落户城镇后的利益是否比农村户口固有的土地权益更大。因户籍"含金量"大而吸引了大量农业转移人口的特大城市的落户政策并没有惠及农业转移人口群体，落户门槛低的中小城市因就业机会有限、基础设施建设落后等自身方面因素缺乏对农业转移人口落户的吸引力，而农村土地却在城镇化的推进下因征地预期导致价值上升，农业转移人口可以通过转移土地来获得巨大财富或补偿收益，这种城乡户籍价值倒挂的现象使农业转移人口落户城镇的意愿进一步降低。此外，由于社会保障体系和城市住房保障的不完善，土地肩负着农业转移人口最后的生活保障功能，农业转移人口对落户城镇退出农村土地权益有后顾之忧，担心失地失业又失房。调查显示，66.7%的农业转移人口不愿意落户城镇，主要是因为放弃土地获得市民身份的机会成本太大。②

（三）巨额的公共成本成为地方政府推进农业转移人口市民化进程的主要障碍

当前，农业转移人口获得城市户口、实现市民化，主要意味着迁入城市政府必须向其提供与城市市民同等的排他性的三项公共福利服

---

① 2014年7月24日国务院印发《关于进一步推进户籍制度的改革意见》。意见提出建立"以人为本、科学高效、规范有序的新型户籍制度"，取消农业户口与非农业户口性质区分，建立城乡统一的户口登记制度。全面放开建制镇和小城市落户限制，有序放开中等城市落户限制，合理确定大城市落户条件，改进城区人口500万人以上的城市现行落户政策，建立完善积分落户制度。到2020年努力实现1亿左右农业转移人口和常住人口在城镇落户。标志着我国破除城乡二元户籍制度的改革正式进入全面实施阶段。

② 2016年山东管理学院农业转移人口课题组对农业转移人口市民化情况进行的跟踪调查显示，66.7%的农业转移人口不愿意落户城镇的主要原因是基于农村土地价值上升的预期而不愿意放弃农村土地，如果市民化必须以牺牲农村土地权利为代价的话，这部分人中有66.6%的人宁愿选择户籍保留在农村，而只是在城市工作生活，33.4%的人选择回乡居住生活。

务——城市最低生活保障、政府补贴性住房安排以及城市公立学校平等就学权利。而在地方政府的财政收入远远小于其财政支出，财权与事权不匹配的现实情况下，地方政府缺乏足够的财力为 4 亿到 4.5 亿农业转移人口提供上亿的保障性住房，并安排农业转移人口子女在城市公立学校平等的就学权利。长期来看，巨额的公共成本成为地方政府推进农业转移人口市民化进程的主要障碍，尽管中央政府不断施加压力，地方政府依然缺乏为农业转移人口提供与城市市民同等的公共福利服务的积极性。

二　农村土地流转是突破农业转移人口市民化成本障碍的必然要求

（一）农村土地流转为农业转移人口市民化提供必要的资本支持

根据国家统计局抽样调查结果显示，2016 年中国有 28171 万人的农业转移人口，其中有 16934 万人的外出打工农业转移人口，大量的人口需要转移。农业转移人口市民化，需要产业、社会保障、人居环境的支撑，以及农业转移人口生活方式的转变。为此，各级财政以及农业转移人口本身将会面临巨大的公共成本及私人成本压力。据测算，我国农业转移人口市民化的人均公共成本为 12.9 万元，人均私人成本（生活成本及购房成本）为 11.9 万元。[1] 尽管农业转移人口近年来的工资收入不断增长，但面对市民化的巨大私人成本，大部分农业转移人口仍然很难承受年均生活成本之外的购房成本。而这些城市"无产阶级"在农村却有着巨大的土地资源。据统计，我国共有 13 亿亩可承包土地，人均拥有 100 平方米宅基地、110 平方米其他集体建设用地、1500 平方米耕地。以总量计，农村集体建设用地（不含耕地）相当于城市建设用地的 2.5 倍。在所有权、承包权与经营权三权分置、放活流通、优化配置的土地政策下，激发农业转移人口活用土地资产，就可以实现农村土地资源的优化配置，充分实现多元化的土地价值，大幅度增加农业转移人口的财产性收入，从而保障农业转移人口进城购房之后的生活物质基础，为农业转移人口市民化提供

---

① 单菁菁：《农业转移人口市民化的成本及其分担机制》，《学海》2015 年第 1 期。

资本支持。而据有关专家估算，农村土地流转可释放 50 万亿—80 万亿元的土地财富价值，有助于推进土地城镇化和人口城镇化协调发展，持续为农业转移人口市民化提供助力。

（二）农业转移人口市民化滞后压力对农村土地流转提出迫切的现实需求

2016 年，中国常住人口城镇化率已达到 57.35%，而户籍人口城镇化率只有 41.2% 左右，这一差距说明被统计为常住人口中的 2 亿多农业转移人口仍保留着农村户籍，而无法享受城市市民均等化的公共服务。这与长期以来的户籍制度有关，与我国的土地承包制度有关，与农业转移人口自身素质有关，更与住房、社保、公共服务的市民化高成本门槛有关。不少学者认为农业转移人口市民化的难点在于户籍福利问题，因为城市的公共服务福利都与户籍挂钩。也有一些学者认为，市民化滞后的关键原因在于农业转移人口自身的基本素质不高，而并不在与户籍制度。然而在近几年来实际操作《国务院关于进一步推进户籍制度改革的意见》过程中，农业转移人口市民化并未随户籍制度的改革加快而明显加快，户籍改革的效果并不理想。据调查发现，67% 的农业转移人口愿意在城市生活，其余农业转移人口不愿进城生活的最主要的原因为"消费太高"和"买不起房"。[①] 57% 的农业转移人口基于城市的高生活成本压力，选择在城镇打工、农村生活的低成本模式，不愿意放弃农地在城镇落户，将农地作为最后的生活保障。也就是说农业转移人口不是不想在城市生活，而是担心负担不起高房价和进城后增加的生活成本，且不想负担进城增加的机会成本。所以，暂且不用去追论究竟是因为农业转移人口自身不具备融入城市的素质，还是户籍制度的人为局限使的农业转移人口无法得享城市公共服务而难以实现真正的市民化，[②] 而事实上阻碍市民化进程的最大障碍应是隐藏在户籍制度背后的福利因素构成的市民化高成本门槛，以及现行的土地法律条文。因此，积极推进农业转移人口土地经

① 2015 年山东管理学院农业转移人口课题组对农业转移人口市民化情况进行的调查，调查内容涉及农民想不想进城、农民肯不肯卖地、农民会不会买房和农民愿意去哪里买房等内容。

② 邹一南：《农业转移人口市民化过程中的户籍——土地联动改革》，《中国新型城镇化健康发展报告（2016）》，社会科学文献出版社 2016 年版。

营权的流转以及土地承包权的退出，是其获得土地增值收益，是解决农业转移人口进城需求与目前支付能力差距的一个有效方案。而对于市民化过程中农业转移人口表示不愿意放弃农地的问题，深入分析不难看出，这只是在对城市生活不确定的情况下，将农地作为最后的生活保障，是其在缺乏安全感下的意识选择。具体体现在，家庭总收入越高，工作越稳定，社会保障越好的农业转移人口流转土地的意愿越大，说明谋生能力越强的农业转移人口，越愿意脱离农地进城生活，他们不是离不开地，而是在乎经济收入。因此通过深化农村土地流转制度改革，保障农村土地与城镇土地具有均等的权利，给予农村土地合理定价的空间，从而保障农业转移人口进城生活的物质基础，是完全可以改变农业转移人口固有的意识、实现人地分离甚至完全脱离的。

三 依靠农村土地流转，突破农业转移人口市民化成本障碍的可行性

（一）政策允许

党的十八大以来，中共中央着力推进土地制度改革，对农村土地流转进行了一系列具有重大创新意义的探索。2013 年中央 1 号文件《中共中央国务院关于加快发展现代农业进一步增强农村发展活力的若干意见》，从土地产权的根本处着手，倡导对农村集体产权制度改革，同时彰显农民土地产权的相关法律权益。2014 年中央 1 号文件《中共中央国务院关于全面深化农村改革加快推进农业现代化的若干意见》，在落实农村土地集体所有权及上述农地产权权益获取的基础上，从基层实施、协同跟进的角度出发，创新性地提出农地流转与金融运行的关联，旨在打破土地流转的金融瓶颈。这一政策放活了土地经营权，赋予其抵押融资的权能，并打消了农民土地流转的顾虑。2015 年年初，农业部、中央农村工作领导小组办公室等 6 部门联合下发《关于认真做好农村土地承包经营权确权登记颁证工作的意见》，进一步提出了稳定关系、强化物权、促进流转、增加投入的建设性方针，构建了一条多元互动互通的农地流转保障新机制。随着中共中央办公厅和国务院办公厅联合印发《关于农村

土地征收、集体经营性建设用地入市、宅基地制度改革试点工作的意见》，中国农村土地制度改革拉开大幕。2015 年 8 月，国务院印发《关于开展农村承包土地的经营权和农民住房财产权抵押贷款试点的指导意见》出台后，我国农村产权改革取得新进展。2016 年 2 月，李克强总理在第十二届全国人民代表大会第四次会议上指出："积极发展多种形式农业适度规模经营，鼓励农户依法自愿有偿流转承包地，深化农村集体产权、农垦、集体林权、国有林场、农田水利、供销社等改革。"[1] 2016 年 10 月，中共中央办公厅、国务院办公厅出台《关于完善农村土地所有权承包权经营权分置办法的意见》，开创性地把土地集体所有权、农户承包权、土地经营权实施了三权分置，并通过法规的方式予以明确，这是农地产权权能的机制性大转变，强化了农业转移人口城镇化的法律和政策保障，消解了农业转移人口市民化和原有土地之间存在的后顾之忧。这是我国继家庭联产承包责任制后的另一重大制度创新，为农村土地流转提供了健全的制度保障。

（二）实践奠基

近年来，农村土地股份制、宅基地换房、宅基地退出、重庆地票、城乡建设用地增减挂钩、集体建设用地流转、土地换社保、专业合作社建设等一系列农业转移人口市民化的实践探索，促进了农村土地等资源要素的流转和集中配置，为推进农村土地流转，降低农业转移人口市民化成本，奠定了良好的基础，积累了丰富的经验。[2] 比如，四川省内江市市中区从 2012 年开始开展农村产权制度改革工作，形成了"三化进户"模式、"一退三保三结合"模式、"三换"模式等典型模式，实现了农村土地资源高效利用，有效促进了农民财产性收

---

[1]　2016 年 3 月 5 日李克强在第十二届全国人民代表大会第四次会议上做政府工作报告，指出："积极发展多种形式农业适度规模经营，完善对家庭农场、专业大户、农民合作社等新型经营主体的扶持政策，鼓励农户依法自愿有偿流转承包地，开展土地股份合作、联合或土地托管。深化农村集体产权、农垦、集体林权、国有林场、农田水利、供销社等改革。"载于新华网 http：//news. xinhuanet. com/fortune/2016 - 03/05/c_ 128775704. htm。

[2]　唐建等：《新型城镇化战略下农村土地政策改革试验》，中国社会科学出版社 2014 年版。

入的增加。[①] 2010 年湖州尝试在农民集中安置过程以"房票制"模式推进农房安置，将搬迁农户享有的富余住宅权以折价入股的方式，参与相关商业配套设施建设，这就使集体土地上的房屋拆迁安置在原有安置方式的基础上，增加了市场化安置方式——以审核签领的"房票"稳定获取财产性收入，或被拆迁农户可凭拆迁人发放的"房票"到指定的楼盘购买商品房。2015 年房票综合改革试验区——吴兴区发放"房票"28.8 万平方米，安置 2964 户，户均收益 2.6 万元，促进了集体经济的发展与农民持续增收。[②] 山东省莱芜市通过组建土地股份合作社与农业企业合作经营等形式实现土地规模经营，把土地承包经营权量化入股，农民按股获得股权收益，即克服了一家一户分散经营的局限性，同时又把农民从土地上解放出来从事非农产业，拓宽了农民的增收渠道，增加了农民收入。

四 完善农村土地流转，破解市民化成本障碍的政策建议

目前的中国农村，推进农地的流转，就亟须在坚持农村土地集体所有的前提下，在"集体所有、家庭承包、多元经营"三权分置的视域下，在马克思产权理论的指导下，完善土地管理的相关法律法规，以制度的规范、引导、保障、激励和约束机制，促进农村土地流转的规范发展，提高土地资源配置效率，降解农业转移人口市民化的成本障碍。在农村土地使用权流转的改革方案中，有部分专家学者提出了私有化方案，但这不符合中国基本国情。中国农村土地流转必须要在坚持农村土地集体所有的前提下，促使承包权和经营权分离，形成所有权、承包权、经营权三权分置以及经营权流转的格局。

（一）制定城乡统一的土地法律，改变土地政策的二元分割格局

中国实行土地所有权的公有制度，城市土地所有权归国家所有，

---

① "三化进户"模式，即承包土地股权化、集体资产股份化、农村资源资本化。"一退三保三结合"模式，即有偿退还土地承包权，继续保留选举权、宅基地使用权和集体资产收益分配权，结合工商资本下乡、农村产权抵押融资和集体资产股份制改革，集中经营退出土地，实现退地不退社、不荒地、不失业。"三换"模式，即退地换现金、换股份、换社保。

② 杨璐璐：《基于新农村建设的宅基地整理退出"房票"模式研究：湖州吴兴例证》，《经济问题》2016 年第 10 期。

农村及城市郊区土地所有权归集体所有。这两种土地公有制只是财产归属的主体不同，而不是权利的差异，应制定这两种土地公有制的统一土地法律，建立保护农村土地产权的制度基础，赋予和保证农村土地和城市土地同等参与工业化和城镇化的机会与权利，保证"同地、同权、同价"，并赋予农民享有土地非农化过程中的收益权和转让权。①尽快出台农村集体建设用地流转的法律，改革现行的征地制度，建立科学的宅基地使用权取得和退出机制，逐步放宽宅基地使用权的流转，促进农村土地规范、有序、健康流转，形成城乡统一的土地市场。

（二）加快农村土地的全面赋权与颁证工作，为土地流转的改革与发展奠定基础

马克思认为土地产权的核心是土地所有权，是围绕所有权形成的，对土地的占有、使用、处分（租赁、经营、抵押）、发展、收益等各种相对独立的权利，形成附着于土地上的权利系统。从观念到实践，农村土地所有权归属处置权不明、产权意识弱化既是目前我国农村土地产权理念模糊的现象，又是土地流转问题的牵制因素。我国的农村土地流转改革应以马克思土地产权理论为指导，明晰产权归属，将农村土地集体所有的法律界属更加明确，厘清集体土地的所有权主体和客体，在此基础上对农村土地承包经营权进行确权。应该在国家针对集体所有权和承包经营权开展的登记发证工作条件下，完成农地承包经营权的登记颁证工作，以法律的形式对农地处置权、抵押权、担保权、继承权等权能进行赋权，使农村土地流转有明确的权利主体和权责清晰的流转客体。对承包土地的经营权、宅基地使用权、宅基地上自住房屋所有权确权到户，颁发土地承包经营权证、宅基地使用权证以及宅基地上的房屋所有权证，②实现农民"以户籍权利安排土地退出制度"向"以土地权证安排土地退出制度"的转变。③产权规范是农地流转的基础，也是减低土地流转成本、减少过程冲突的有效方式。颁证赋权工作要全面摸清集体资产"家底"，界定清楚集体经

---

① 罗必良等：《产权强度、土地流转与农民权益保护》，经济科学出版社 2013 年版。
② 辜胜阻等：《当前农地产权与流转制度改革研究》，《经济与管理》2015 年第 4 期。
③ 黄祖辉：《解决农业转移人口的市民化问题》，《浙江社会科学》2015 年第 12 期。

济组织成员，既要锁定资产还要锁定人员，防止"家底"不清、分配不公等问题。

（三）放开政府对流转方式的限制，建立农村土地交易流转平台

进入现代化进程的农民，面对土地，一是寻求所有农地的资源最优化配置，形成流转市场的优质资源；二是试图获取更大的土地资本，稳固经济地位以利于自我发展，积累转移到城市的融入财富。而政府的意图和作为，应着眼于与农民的诉求相关的两个方面：一是以规范的政策法规，营造农地流转的健康氛围；二是以开放的心态和务实的解决方案，对土地流转的方式、方法、数量、范围、价格等方面，予以放松解绑，并以法规形式，鼓励农地市场化、营建相关流转平台，推动农村土地的流转。鼓励农业转移人口自愿有偿退出和流转农用地承包权、宅基地使用权以及房屋所有权，增加农业转移人口的财产性收入。

（四）尊重农民的意愿，建立监管机制，规范政府在农地流转中的行为

在中央全面深化改革领导小组第五次会议上，习近平总书记发表重要讲话提出："土地流转要尊重农民的意愿，不搞强迫命令，不搞行政瞎指挥"。在土地流转的实践中，地方政府要原原本本贯彻落实党中央确定的方针政策，尊重农民的意愿和遵循农地流转的市场规律，因地制宜，因势利导，不能搞一刀切、大跃进、片面追求流转的规模与速度。同时，要建立监管机制，规范政府行为，杜绝村集体和基层干部在农地流转过程中出现的越俎代庖和强迫农民流转的行为。还应专门成立土地流转纠纷调处和仲裁机构，及时调处土地流转纠纷，查处土地流转中的违法行为。

（五）放宽农业转移人口社会保障的准入条件，完善社会保障制度

农业转移人口进城之后，不愿意流转土地的重要原因之一，是把土地作为城镇生活难以为继之后的最终保障。那么放宽农业转移人口社会保障的准入条件，全面落实农业转移人口的养老保险、医疗保险和城市最低生活保障制度，提升农业转移人口社会保障水平，逐步实现一体化的城乡社会保障制度，就可以解决农业转移人口的后顾之忧，促进农业转移人口土地流转和有偿退出土地权益的意愿。

参考文献

Alba，R，and V. Nee，"Rethinking Assimilation Theory for a New Era of Immigration"，*International Migration Review*，31. 4 （1997）：826 – 874.

Berry，John W. ，"Immigration，Acculturation，and Adaptation"，*Applied Psychology*，46. 1 （2010）：5 – 34.

Barbara Dietz，"Jewish Immigrants from the Former Soviet Union in Germany：History，Politics and Social Integration"，*East European Jewish Affairs*，33. 2 （2003）：7 – 19.

Chen D. ，Wang Y. ，Ren F. ，et al，Spatio-temporal Differentiation of Urban-Rural Equalized Development at the County Level in Chengdu，2016.

Cheo，Roland，"Migrant Workers and Workplace Bullying in Urban China"，*Social Indicators Research*，132. 1 （2016）：1 – 29.

Dörr，Silvia，and T. Faist，"Institutional Conditions for the Integration of Immigrants in Welfare States：A Comparison of the Literature on Germany，France，Great Britain，and the Netherlands"，*European Journal of Political Research*，31. 4 （2010）：401 – 426.

Feng，Wang，X. Zou，and D. Ruan，"Rural Migrants in Shanghai：Living under the Shadow of Socialism"，*International Migration Review*，36. 2 （2002）：520 – 545.

Friedberg，R. M. ，"You can't Take it with You？Immigrant Assimilation and the Portability of Human Capital"，*Journal of Labor Economics*，18. 2 （2000）：221 – 251.

Gabriel，S. A ，and S. S. Rosenthal，"Location and the Effect of Demographic Traits on Earnings"，*Regional Science & Urban Economics*，

29. 4 (1999): 445 – 461.

Ge, Suqin, and D. T. Yang, "Labor Market Developments in China: A Neoclassical View", *China Economic Review*, 22. 4 (2011): 611 – 625.

Gordon M. M. , *Assimilation in American Life: The Role of Race, Religion, and National Origins*, New York: Oxford University Press, 1964.

Gustafsson, Bj? Rn , and S. Li, "Economic Transformation and the Gender Earnings Gap in Urban China", *Journal of Population Economics*, 13. 2 (2000): 305 – 329.

Heisler, B. S. , "The Future of Immigrant Incorporation: Which Models? Which Concepts?", *International Migration Review*, 26. 2 (1992): 623 – 645.

Jahn, Heiko J. , et al. , *Migration and Health in Megacities: A Chinese Example from Guangzhou, China*, Health in Megacities and Urban Areas. Physica-Verlag HD, 2011.

Josine Junger-Tas, "Ethnic Minorities, Social Integration and Crime", *European Journal on Criminal Policy & Research*, 9. 1 (2001): 5 – 29.

John Goldlushand Anthony H. Richmond, "A Mul-tivariate Model of Immigrant Adaptation, International Migration Review", *Special Issue: Policy and Research on Migration: Canadian and World Perspectives*, 8. 2 (1974): 193 – 225

Li Y. , Westlund H. , Zheng X. , et al, "Bottom-up Initiatives and Revival in the Face of Rural Decline: Case Studies from China and Sweden", *Journal of Rural Studies*, 2016, 47: 506 – 513.

Liu Z. , Lan J. , "The Sloping Land Conversion Program in China: Effect on the Livelihood Diversification of Rural Households", *World Development*, 2015, 70: 147 – 161.

Liu Y. , Hu Z. , Li Y. , "Process and Cause of Urban-rural Development Transformation in the Bohai Rim Region, China", *Journal of Geographical Sciences*, 2014, 24 (6): 1147 – 1160.

Makina D. , "Determinants of Return Migration Intentions: Evidence from

Zimbabwean Migrants Living in South Africa", *Development Southern Africa*, 2012, 29 (3): 365 – 378.

Peter Doerschlerand Pamela Irving Jackson, "Host Nation Language Ability and Immigrant Integration in Germany: Use of GSOEP to Examine Language as an Integration Criterion", *Democracy & Security*, 6. 2 (2010): 147 – 182.

Portes, Alejandro, "Social Capital: Its Origins and Applications in Modern Sociology", *Annual Review of Sociology*, 24. 1 (1998): 1 – 24.

Park R. E., Burgess E. W., *Introduction to the Science of Sociology*, Chicago: The University of Chicago Press, 1921.

Unay-Gailhard Ï., Bojnec Š., "The Impact of Green Economy Measures on Rural Employment: Green Jobs in Farms", *Journal of Cleaner Production*, 2019, 208: 541 – 551.

Wang C., Liu Y., Kong X., et al, "Spatiotemporal Decoupling between Population and Construction Land in Urban and Rural Hubei Province", *Sustainability*, 2017, 9 (7): 1258.

Wuthnow, Robert, and Conrad Hackett, "The Social Integration of Practitioners of Non-Western Religions in the United States", *Journal for the Scientific Study of Religion*, 42. 4 (2010): 651 – 667.

Wong K., Fu D., Li C. Y., Song H. X., "Rural Migrant Workers in Urban China: Living a Marginalised Life", *International Journal of Social Welfare*, 16. 1 (2007): 32 – 40.

Zhao, Yaohui, "The Role of Migrant Networks in Labor Migration: The Case of China", *Contemporary Economic Policy*, 21. 4 (2003): 500 – 511.

蔡瑞林、陈万明、朱广华:《农业转移人口市民化公共成本:成本分担还是利益反哺?》,《农村经济》2015 年第 1 期。

蔡瑞林,陈万明,张丽丽:《农业转移人口市民化社会成本分担的博弈研究》,《华南农业大学学报 (社会科学版)》2015 年第 2 期。

陈诗波、李伟、唐文豪:《中国新型城镇化发展的路径选择与对策探讨》,《理论月刊》2014 年第 4 期。

陈新焱、樊巍：《新型城镇化：回归到"人"》，2013 年 3 月 16 日，南方周末（http：//www. infzm. com/content/88761）。

程姝：《城镇化进程中农民工市民化研究》，博士学位论文，东北农业大学，2013 年。

杜海峰、顾东东、杜巍：《农民工市民化成本测算模型的改进及应用》，《当代经济科学》2015 年第 2 期。

范虹珏，刘祖云：《苏南"城镇化模式"下的农民市民化的路径建构》，《社会科学家》2015 年第 11 期。

风笑天：《"落地生根"——三峡农村移民的社会适应》，《社会学研究》2004 年第 5 期。

傅东平、李强、纪明：《农业转移人口市民化成本分担机制研究》，《广西社会科学》2014 年第 4 期。

符宁、葛乃旭、陈静：《农民工市民化问题研究观点综述》，《经济纵横》2016 年第 6 期。

高晶、关涛、郎宏文：《推进我国新型城镇化发展的路径探讨》，《经济纵横》2015 年第 8 期。

葛乃旭、符宁、陈静：《特大城市农民工市民化成本测算与政策建议》，《经济纵横》2017 年第 3 期。

辜胜阻等：《当前农地产权与流转制度改革研究》，《经济与管理》2015 年第 4 期。

辜胜阻、李睿、曹誉波：《中国农民工市民化的二维路径选择——以户籍改革为视角》，《中国人口科学》2014 年第 5 期。

辜胜阻、李洪斌、曹誉波：《新型城镇化改革的原则与路径——十八届三中全会的城镇化新政》，《江海学刊》2014 年第 1 期。

国家发展改革委：《新型城镇化系列典型经验（农业转移人口市民化案例）》，2016 年 12 月 9 日，国家发展改革委办公厅网站（http：//www. ndrc. gov. cn/gzdt/201612/t20161219_830301. html）。

国家统计局：《2013 年农民工监测调查报告》，2014 年 5 月 12 日，国家统计局网站（http：//www. stats. gov. cn/tjsj/zxfb/201405/t20140512_551585. html）。

国家统计局：《2014 年农民工监测调查报告》，2015 年 4 月 29 日，国家统计局网站（http：//www. stats. gov. cn/tjsj/zxfb/201504/t201504 29_ 797821. html）。

国家统计局：《2015 年农民工监测调查报告》，2016 年 4 月 28 日，国家统计局网站（http：//www. stats. gov. cn/tjsj/zxfb/201604/t201604 28_ 1349713. html）。

国家统计局：《2016 年农民工监测调查报告》，2017 年 4 月 28 日，国家统计局网站（http：//www. stats. gov. cn/tjsj/zxfb/201704/t201704 28_ 1489334. html）。

国家统计局：《2017 年农民工监测调查报告》，2018 年 4 月 27 日，国家统计局网站（http：//www. stats. gov. cn/tjsj/zxfb/201804/t201804 27_ 1596389. html）。

国务院发展研究中心课题组：《农民工市民化：制度创新与顶层政策设计》，中国发展出版社 2011 年版。

国务院发展研究中心课题组侯云春、韩俊等：《农民工市民化进程的总体态势与战略取向》，《改革》2011 年第 5 期。

国务院发展研究中心课题组：《中国新型城镇化道路、模式和政策》，中国发展出版社 2014 年版。

国务院发展研究中心和世界银行联合课题组：《中国：推进高效、包容、可持续的城镇化》，《管理世界》2014 年第 4 期。

韩立达、谢鑫：《变"权"为"利"，突破农业转移人口市民化私人成本障碍》，《理论与改革》2015 年第 1 期。

韩镇宇、魏后凯、苏红键、王宁：《中国城市外来务工人员致贫原因研究——基于北京、深圳、惠州的微观调查》，《人口学刊》2017 年第 39 期。

韩俊：《推进农业转移人口市民化亟待建立成本分担机制》，《中国经济导报》2014 年 3 月 22 日。

黄晶：《农民工人力资本、社会资本与城市化发展》，《经济问题探索》2004 年第 6 期。

黄锟：《城乡二元制度对农民工市民化进程的影响与制度创新》，《经济研究参考》2014 年第 8 期。

黄亚平、陈瞻、谢来荣：《新型城镇化背景下异地城镇化的特征及趋势》，《小城镇建设》2012 年第 2 期。

黄祖辉：《解决农业转移人口的市民化问题》，《浙江社会科学》2015 年第 12 期。

柯兰君、李汉林：《都市里的村民：中国大城市流动人口》，中央编译出版社 2001 年版。

江小容、王征兵：《新生代农民工市民化困境及路径选择》，《求索》2012 年第 1 期。

黎红、杨黎源：《农民工市民化成本评估与经济收益——以宁波为例》，《浙江社会科学》2017 年第 12 期。

李健、杨传开、宁越敏：《新型城镇化背景下的就地城镇化发展机制与路径》，《学术月刊》2016 年第 7 期。

李培林、农民工：《中国进城农民工的经济社会分析》，社会科学文献出版社 2003 年版。

李强：《关于城市农民工的情绪倾向及社会冲突问题》，《社会学研究》1995 年第 4 期。

李强：《农民工与中国社会分层》，社会科学文献出版社 2004 年版。

李强：《户籍分层和农民工的社会地位》，《中国党政干部论》2002 年第 8 期。

李永乐、代安源：《农业转移人口市民化成本核算及其分担研究——基于 2005—2014 年的南京市数据分析》，《华东师范大学学报》（哲学社会科学版）2017 年第 6 期

李永乐、吴群：《农民城镇化路径与可持续性分析——基于不同类型农民的分类探讨》，《城市发展研究》2014 年第 1 期。

厉以宁、艾丰、石军：《新型城镇化与农民工市民化》，中国工人出版社 2014 年版。

梁波、王海英：《国外移民社会融入研究综述》，《甘肃行政学院学报》2010 年第 2 期。

林祝琼：《基于基本公共服务均等化的农业转移人口市民化成本测算分析》博士学位论文，浙江财经大学，2015 年。

刘传江、程建林、董延芳：《中国第二代农民工研究》，山东人民出版社 2009 年版。

刘传江、周玲:《社会资本与农民工的社会融合》,《人口研究》2004
年第 5 期。

刘松林、黄世为:《我国农民工市民化进程指标体系的构建与测度》,
《统计与决策》2014 年第 13 期。

刘万霞、2013:《职业教育对农民工就业的影响——基于对全国农民
工调查的实证分析》,《管理世界》2013 年第 5 期。

刘晓:《农业转移人口市民化成本测算及其分担》,《求索》2018 年第
4 期。

陆成林:《新型城镇化过程中农民工市民化成本测算》,《财经问题研
究》2014 年第 7 期。

卢小君、陈慧敏:《流动人口社会融合现状与测量——基于大连市的
调查数据》,《城市问题》2012 年第 9 期。

罗必良等:《产权强度、土地流转与农民权益保护》,经济科学出版
社 2013 年版。

罗霞、王春光:《新生代农村流动人口的外出动因与行动选择》,《浙
江社会科学》2003 年第 1 期。

吕炜、谢佳慧:《农业转移人口市民化:重新认知与理论思辨》,《财
经问题研究》2015 年第 11 期。

倪鹏飞:《新型城镇化的基本模式、具体路径与推进对策》,《江海学
刊》2013 年第 01 期。

欧阳力胜.:《新型城镇化进程中农民工市民化研究》,博士学位论
文,财政部财政科学研究所,2013 年。

潘家华、魏后凯:《中国城市发展报告 NO.6:农业转移人口市民
化》,社会科学文献出版社 2013 年版。

彭新万:《创新农民工市民化成本解决思路——基于国内文献的分
析》,《内蒙古社会科学》(汉文版)2018 年第 5 期。

秦立建、陈波:《医疗保险对农民工城市融入的影响分析》,《管理世
界》2014 年第 10 期。

任远、邬民乐:《城市流动人口的社会融合:文献述评》,《人口研
究》2006 年第 3 期。

单菁菁:《农民工市民化的成本及其分担机制研究》,《学海》2015 年

第 1 期。

单菁菁：《农民工市民化研究综述：回顾、评析与展望》，《城市发展研究》2014 年第 1 期。

申兵：《我国农民工市民化的内涵、难点及对策》，《中国软科学》2011 年第 2 期。

申兵：《"十二五"时期农民工市民化成本测算及其分担机制构建——以跨省农民工集中流入地区宁波市为案例》，《城市发展研究》2012 年第 1 期。

宋喆：《城镇化进程中"人的城市化"及其发展路径》，《南京师大学报》（社会科学版）2015 年第 6 期。

山东新型城镇化编辑部：《威海：以常住人口为基数配置公共资源》，《山东新型城镇化》2015 年第 15 期。

山东新型城镇化编辑部：《重庆农业转移人口市民化调研报告》，《山东新型城镇化》2015 年第 20 期。

山东省住房和城乡建设厅：《威海市以人的城镇化为核心全面提升人民群众获得感和幸福感》，2018 年 9 月 7 日，山东省住房和城乡建设厅网站（http：//www. sdjs. gov. cn/art/2018/9/7/art _ 6056 _ 962320. html）。

沈水生：《中国农民工市民化问题研究》，中国劳动社会保障出版社 2015 年版。

沈映春、王泽强、焦婕等：《北京市农民工市民化水平及影响因素分析》，《北京社会科学》2013 年第 5 期。

孙中伟：《农民工大城市定居偏好与新型城镇化的推进路径研究》，《人口研究》2015 年第 5 期。

孙友然，凌亢，张新岭等：《我国农业转移人口市民化研究综述》，《西北农林科技大学学报》（社会科学版）2016 年第 2 期。

侣传振、崔琳琳：《农民工城市融入意愿与能力的代际差异研究——基于杭州市农民工调查的实证分析》，《现代城市》2010 年第 1 期。

田凯：《关于农民工的城市适应性的调查分析与思考》，《社会科学研究》1995 年第 5 期。

唐建、王庆日、谭荣：《新型城镇化战略下农村土地政策改革试验》，中国社会科学出版社 2014 年版。

王琛：《从利益相关者理论解读农业转移人口市民化》，《经济社会体制比较》2015 年第 3 期。

王春超、何意銮：《社会资本与农民工群体的收入分化》，《经济社会体制比较》2014 年第 4 期。

王春光：《新生代农村流动人口的社会认同与城乡融合的关系》，《社会学研究》2001 年第 3 期。

王桂新、沈建法、刘建波：《中国城市农民工市民化研究——以上海为例》，《人口与发展》2008 年第 1 期。

王桂新、王利民：《城市外来人口社会融合研究综述》，《上海行政学院学报》2008 年第 6 期。

王国霞、张慧：《农业转移人口市民化成本分担机制分类设计初探》，《经济问题》2016 年第 5 期。

王家庭、赵一帆、倪方树等：《新型城镇化进程中农民工市民化的净成本测度——以中国五大城市群为例》，《城市观察》2016 年第 2 期。

王凯威：《吉林省流动人口社会融入研究》，硕士学位论文，吉林大学，2014 年。

王竹林：《城市化进程中农民工市民化研究》，博士学位论文，西北农林科技大学，2008 年。

威海市人社局：《威海市开展精准化公共就业服务　有序推进农民工市民化》，《山东人力资源和社会保障》2016 年第 Z1 期。

威海市统计局：《2016 年威海市国民经济和社会发展统计公报》，2017 年 2 月 22 日，威海统计信息网（http：//www. stats-wh. gov. cn/art/2018/3/15/art_ 13262_ 1163989. html）。

威海市统计局：《2016 年威海市国民经济和社会发展统计公报》，2017 年 2 月 22 日，威海统计信息网（http：//www. stats-wh. gov. cn/art/2017/2/24/art_ 13262_ 887194. html）。

威海市统计局：《2016 年威海统计年鉴》，2016 年 10 月 21 日，威海统计信息网（http：//www. stats-wh. gov. cn/art/2016/10/21/art_ 13261_ 719161. html）。

威海市统计局：《2017 年威海统计年鉴》，2017 年 11 月 20 日，威海统计信息网（http：//www. stats-wh. gov. cn/art/2017/11/20/art _13261_ 1007048. html）。

威海市住房城乡建设局威海市政府调研室：《威海市推进新型城镇化发展的主要经验和做法》，《山东经济战略研究》2016 年第 10 期。

魏后凯：《构建多元化的农民市民化成本分担机制》，《中国社会科学报》2013 年 3 月 1 日，第 A07 版。

魏后凯：《坚持以人为核心推进新型城镇化》，《中国农村经济》2016 年第 10 期。

魏后凯等：《推进农业转移人口市民化的总体战略》，载潘家华、魏后凯等《中国城市发展报告 NO.6：农业转移人口市民化》，社会科学文献出版社 2013 年版。

魏后凯、苏红键：《中国农业转移人口市民化进程研究》，《中国人口科学》2013 年第 5 期。

魏后凯、苏红键等：《中国城市贫困状况研究——聚焦外来务工人员》，中国社会科学出版社 2016 年版。

温铁军、温厉：《中国的"城镇化"与发展中国家城市化的教训》，《中国软科学》2007 年第 7 期。

杨良刚：《关于新型城镇化下教育与农民工社会融入关系研究》，硕士学位论文，华中师范大学，2013 年。

杨璐璐：《基于新农村建设的宅基地整理退出"房票"模式研究：湖州吴兴例证》，《经济问题》2016 年第 10 期。

殷一博：《农业转移人口市民化成本分担机制探索》，《开放导报》2014 年第 4 期。

肖日葵：《人力资本、社会资本对农民工市民化的影响——以 X 市农民工为个案研究》，《西北人口》2008 年第 4 期。

谢桂华：《中国流动人口的人力资本汇报与社会融合》，《中国社会科学》2012 年第 4 期。

解安、朱慧勇：《中国城镇化：农民自主选择与社会秩序的统一》，《马克思主义与现实》2015 年第 1 期。

辛宝英：《农业转移人口市民化成本障碍及其对策研究——以农村土

地流转为视角》,《马克思主义与现实》2017 年第 6 期。

辛宝英:《农业转移人口市民化程度测评指标体系研究》,《经济社会体制比较》2016 年第 4 期。

辛宝英:《移民社会融入理论对农民工社会融入研究的启示及成果评述》,《山东财经大学学报》2015 年第 6 期。

辛宝英:《基于新型城镇化约束的农民工职业教育与社会融入:问题与对策》,《中国成人教育》2015 年第 18 期。

辛波,刘浩:《农业转移人口市民化问题研究综述》,《山东财经大学学报》2016 年第 4 期。

姚先国、俞玲:《农民工职业分层与人力资本约束》,《浙江大学学报》(人文社会科学版)2006 年第 5 期。

杨良刚:《关于新型城镇化下教育与农民工社会融入关系的研究》,华中师范大学,2013 年。

杨菊华:《从隔离、选择融入到融合:流动人口社会融入问题的理论思考》,《人口研究》2009 年第 1 期。

杨菊华:《流动人口在流入地社会融入的指标体系——基于社会融入理论的进一步研究》,《人口与经济》2010 年第 2 期。

杨黎源:《外来人群社会融合进程中的八大问题探讨——基于对宁波市 1053 位居民社会调查的分析》,《宁波大学学报》(人文科学版)2007 年第 7 期。

杨轩、陈俊峰:《近年来农民工城镇融入研究述评》,《中国名城》2011 年第 10 期。

杨仪青:《我国新型城镇化建设中面临的问题及路径创新》,《经济纵横》2015 年第 4 期。

俞宪忠:《是"城市化"还是"城镇"化——一个新型城市化道路的战略发展框架》,《中国人口》2004 年第 5 期。

悦中山:《农民工的社会融合研究:现状、影响因素与后果》,博士学位论文,西安交通大学,2011 年。

悦中山、杜海峰、李树苗、费尔德曼:《农民工社会融合的概念建构与实证分析》,《当代经济科学》2012 年第 1 期。

悦中山、杜海峰、李树苗、费尔德曼:《当代西方社会融合研究的概念、理论及应用》，《公共管理学报》2009 年第 2 期。

张国胜、谭鑫：《第二代农民工市民化的社会成本、总体思路与政策
　　组合》，《改革》2008 年第 9 期。

张国胜：《基于社会成本考虑的农民工市民化：一个转轨中发展大国
　　的视角与政策选择》，《中国软科学》2009 年第 4 期。

张国胜、杨先明：《公共财政视角下的农民工市民化的社会成本分担
　　机制研究》，《云南财经大学学报》（社会科学版）2009 年第 1 期。

张国胜、陈瑛：《社会成本、分摊机制与我国农民工市民化——基于
　　政治经济学的分析框架》，《经济学家》2013 年第 1 期。

张瑞：《中国特色城镇化的发展方向和路径》，《当代世界与社会主
　　义》2016 年第 5 期。

张欣炜、宁越敏：《农业转移人口市民化成本测算及分担机制研
　　究——以山东省淄博市为例》，《城市发展研究》2018 年第 1 期。

张文宏、雷开春：《城市新移民社会融合的结构，现状与影响因素分
　　析》，《社会学研究》2008 年第 5 期。

张占斌、冯俏彬、黄锟：《我国农村转移人口市民化的财政支出测算
　　与时空分布研究》，《中央财经大学学报》2013 年第 10 期。

张占斌等：《农民工市民化的成本估算、分摊与筹措》，载张占斌等
　　《中国新型城镇化健康发展报告》，社会科学文献出版社 2014 年版。

赵俊超、孙慧峰、朱喜：《农民问题新探》，中国发展出版社 2005
　　年版。

赵萌萌：《新生代农民工城市社会融入问题研究——基于泉州市新生
　　代农民工的实证分析》，硕士学位论文，福建农林大学，2012 年。

赵延东、王奋宇：《城乡流动人口的经济地位获得及决定因素》，《中
　　国人口科学》2002 年第 4 期。

赵振华：《走中国特色的城镇化道路》，《人民日报》2008 年 1 月
　　11 日。

赵智等：《土地流转、非农就业与市民化倾向——基于四川省农业转
　　移人口的调查分析》，《南京农业大学学报》（社会科学版）2016
　　年第 4 期。

中共中央国务院：《关于加大统筹城乡发展力度进一步夯实农业农村

发展基础的若干意见》，2009 年 12 月 31 日，新华网（http：//
　　news. xinhuanet. com/politics/2010-01/3⊥/content_ 12907829. htm）。

中国人口与发展研究中心课题组、桂江丰、马力等：《中国人口城镇
　　化战略研究》，《人口研究》2012 年第 3 期。

周飞舟、王绍琛：《农民上楼与资本下乡：城镇化的社会学研究》，
　　《中国社会科学》2015 年第 1 期。

周皓：《流动人口社会融合的测量及理论思考》，《人口研究》2012 年
　　第 3 期。

周君璧：《新型城镇化背景下农业转移人口市民化路径障碍及对策分
　　析》，《求实》2014 年第 9 期。

周密、张广胜、黄利：《新生代农民工市民化程度的测度》，《农业技
　　术经济》2012 年第 1 期。

周敏、林闽钢：《族裔资本与美国华人移民社区的转型》，《社会学研
　　究》2004 年第 3 期。

朱力：《论农民工阶层的城市适应》，《江海学刊》2002 年第 6 期。